保育にワクワクしよう

保育における「しあわせ」のひとつの形

髙橋 光幸
Takahashi Mitsuyuki

かもがわ出版

はじめに

子どものあそびの研究者で、大切な友人であり偉大な師でもあった加用文男京都教育大学名誉教授とは、子どもについて、あそびについて、保育について、そして、政治についても、多くを語り合いました。ある時、私は保育という仕事に出会うことができて、たくさんの子どもたちと出会うことができて、山ほどのしあわせを享受した……というような話をしました。加用さんは「うーん、しあわせねぇ……」と言葉を詰まらせました。「『しあわせ』はよく使われる言葉ではあるけれど、曖昧模糊とした表現だから、そのしあわせの中身を精査し、分類して、リアリティのある言葉に変換して語らなきゃダメなんじゃないかな……」と言われたような気がしました。

この本は、そんな問いを投げかけてくれた加用さんへの回答のつもりで書いたものです。でも、一足早く天国に行ってしまった加用さんに読んでもらうのはもはや無理。なので、加用さんには私がそちらに行ったときに説明するとして、一人でも多くの保育に携わる人たち、保育士をめざす人たちに読んでもらうことを切に願いつつ、私なりの回答を示すことにしました。

私は40年以上、東京の下町、墨田区の公立保育園で一介の保育者として働きながら、保育実践研究と保育労働運動に携わってきました。たくさんの保護者、研究者、先輩、同僚、仲間、そして、かけがえのない子どもたちと出会い、保育をおもしろがり、保育で笑い合う歳月を重ねてきました。本当にたくさん笑いました。自転車で出勤するときは、「今日はどんな楽しいことが待ってるかな?」と心を弾ませ、帰路に着くときは「それにしても、おもしろかったな……」と思い出し笑いする日々でした。

そんな人生なので、保育者になってからというもの、人を妬ましく思ったり、うらやましく感じることがどんどん少なくなって、そういった感情は、いつしか心の片隅に追いやられていました。財産があるわけでも、人望を集めているわけでもなく、健康面では不安だらけですが、トップアスリートもアイドルですらうらやましくないのです。ずっと保育にワクワクできて、そのワクワクが途切れることなく続いているからです。

私はこのワクワクを「しあわせ」というひとことで片付けようとして、加用さんが疑問を呈してくれました。なので、言葉足らずになってしまうことは百も承知の上で、私のワクワクをできるだけ具体的に綴ることにしました。

もちろん、保育にワクワクするなんて想像もつかない保育者、つらく苦しい「いばらの道」を歩まざるを得ない保育者が大勢いることも承知しています。事業者の問題、地域の問題、国や自治体の問題、その背景はさまざまです。そして、私には、そういう人たちを救うことはもちろん、力になることすらできません。でも、状況を変えていくための小さな風穴を開ける一助になることならできるかもしれません。私はこの本で、そこにも挑戦してみたいと思いました。

保育者が「ワクワク」できさえすれば、子どもも保護者も「ワクワク」できるかと言えば、答えはNOです。でも、保育者が「ワクワク」できなければ、子どもも保護者も「ワクワク」できません。すなわち、保育者の「ワクワク」は必要条件ではあるけれど、十分条件ではありません。「ワクワク」だけでは足りないけれど、「ワクワク」がなければ始まらないし、「ワクワク」の質も問われます。その質は、保育学、教育学、心理学など、学問の知見の力を借りることや、この国の保育制度や子育て支援策、労働者の働き方や労働政策を俯瞰することなどによって高められるように思います。

まえおきはこれくらいにして、そろそろ私のワクワクを疑似体感してもらうことにします。登場人物の名前はそのまま載せてもいいと確認が取れている人は実名で、そうでない人や個人名を出さないほうがいいケースは仮名もしくはイニシャルで表記しました。

では、あとがきで、またお会いできることを楽しみにしています。

2025年1月

もくじ

第1章
ワクワクが止まらない

1 子どもの言葉に“ワクワク”

子どもの言葉はおもしろい

あたり前ですが、ひとことで「子ども」と言っても、個人差も年齢差もあるし、千差万別、十人十色。いろいろやらかしてくれる子もいれば、もう少しやらかしてくれてもいいのに……と思う子もいるわけで、ひとくくりに大変とか大変じゃないとか言えるわけではありません。でも、かわいい。そして、おもしろい。これは間違いなくどの子にも共通します。かわいらしさやおもしろさを見いだせない人は、その子を見る視点がちょっとばかりずれているのではないかと思います。そういう時は、自分の立ち位置や目線をちょっと移動させてみる……。そうすれば、かわいらしさやおもしろさが見えてきます。それでも見えなければ、また立ち位置や目線を変えてみればいい。それを繰り返せばきっと見えます。私はそうやって、今まで出会ったすべての子どものかわいらしさやおもしろさを見つけてきました。だからこれは紛れもない真実です。

私は、これまで出会ったすべての子どものかわいらしさやおもしろさにワクワクさせてもらいました。そのワクワクは今も絶え間なく続いています。これからそれらを紹介しますが、場面や内容は多岐にわたるため、大雑把に分類しました。では、子どもの「言葉」のかわいらしさやおもしろさに着目して、ワクワクせずにはいられなかった話から始めるとしましょう。

●「たかはし○○○くんじゃねーよ」

1歳児クラスのれおくん。入園したころは、まだ歩くこともしゃべることもできませんでした。私は、幼児クラスばかり受け持ってきたので、この年、1歳児クラスを担任するのは28年ぶりでした。なので、何もかもが新鮮で、れおくんがまだ歩けない姿も、しゃべれない姿もかわいくてたまりませんでした。

ともあれ、れおくんは、入園直後から私を気に入ってくれて、登園すると真っ先に私に向かって両手でバランスをとりながら歩いてくれるようになり、帰りに玄関で一緒になると、自転車置き場まで2人で手を繋いで歩きたがってくれるようになりました。くりくりっとした大きな瞳で見つめられると、私はもうとろけそうでした。もちろん、他の子たちもかわいいにもほどがあるほどかわいかったわけですが……。なので、久しぶりの1歳児クラス担任、毎日向き合う子どもたちにワクワクする自分を感じていました。

れおくんは、働く車が好きで、「ママ」「パパ」よりも先に「グイーン」という言葉を覚えました。「グイーン」というのは、クレーン車のクレーンが持ち上がる音です。その後、電車も好きになって、「スペーシア」とか「リバティ」とか、東武スカイツリーラインを走る特急電車の名前も言えるようになりましたが、まだ、「ママ」とも「パパ」とも言わず、当然「せんせー」と呼んでもらうこともありませんでした。

1か月、2か月と経つうちに、「ママ」も「パパ」もクリアして、私の名前も呼んでくれるようになりました。電車や車の車種にもさらに詳しくなりました。その頃は、登園するなり「トラックつくって!」と私のところにやってきて、私がブロックでつくってあげることが日課になっていました。絵本を持って私の膝の上に座るという日課もあって、ページをめくるたびに「これはなんだろ?」と聞くことを楽しむようにもなりました。でも、ほとんど知っているので、「これは何?」と私が聞き返すとちゃんと答えられます。なので、「知ってるなら、聞くんじゃない!」などと突っ込みを入れて笑っていましたが、私が「これはだーれだ?」と自分を指さすと、必ず「たかはし○○○くん」と、クラスメイトの名前を返してくるのです。あちらはあちらで「おれは、たかはし○○○くんじゃねーよ、たかはしみつゆきだよ!」という返しを楽しんでいるのです。

この保育園は、東京スカイツリーの近くで、1歳児室の窓からも見上げることができました。なので、よく眺めていました。進級が近づいたある天気の悪い日、いつもは見えるスカイツリーが見えません。近くにいた子どもたちに「スカイツリー、どこに行っちゃったんだろうね?」と聞いてみると、れおくんが「くもが(に)かくれた」と答えました。助詞の使い方は不正確ですが、見えないものを想像して、名詞―助詞―動詞とつなげて話す姿に、「ちょっと前まではグイーンしか言えなかったのに……」と心の中で呟きながら、れおくんの成長を感じ、「これからもいろいろと驚かせてくれるだろうな……」とワクワクしました。

1歳児クラスの子どもたちが言葉を獲得していくペースは目を見張るものがあります。「え、そんなこともしゃべれるようになったの?」と思うことだらけで、それだけで、ワクワクしますが、「言葉はどう生まれ、進化したのか」をテーマにした『言語の本質』(今井むつみ、秋田喜美著・中公新書)という本に、子どもが言葉を獲得するプロセスが実にわかりやすく書いてあります。れおくんの表現に「助詞」が登場したことに気づけたのも、その本を読んだからだと思います。この本で学んだことは、少し先で詳しく説明します。

●「ちがう」

同じ1歳児クラスのBくんが、あるとき、「ちがう」と言いながら給食で使ったエプロンを、汚れ物を入れるかごに入れていました。「ん?」と、ちょっと引っかかって見ていたら、Bくん、そんな私に気がついて、またまた「ちがう」と言いながら、私にブロックを渡してくれました。その後も、やっぱり「ちがう」と言いながら、絵本やお人形を持ってきてくれました。その頃のBくんは、名詞はたくさん知っていて、いろいろ話していましたが、動詞はほとんど出ていませんでした。先の本を読んだばかりだった私は、「そうか、今は動詞に気づいて、それを使おうとしているんだけれど、その使い方をちょっとまちがっているんだろうな」と推察しました。

エプロンをかごに入れるとき、Bくんは自分のとは違うかごに入れてしまうことが多かったので、そのたびに「違うよ、そこじゃないよ。」と教えていました。なので、ものを入れたり、渡したりする行為を「ちがう」と表現するのだと勘違いしたのでしょう。

●ブートストラッピング・サイクル

「言語の本質」によれば、言葉の進化を考えるうえで重要なのが「オノマトペ(自然の音や声などを音で象徴的に表現した語)」で、れおくんの「グイーン」などは、まさにそれですが、そこから名詞、次に動詞、そして、名詞と動詞を助詞で繋げるという形で発展していきます。れおくんの言葉は、まさに、このプロセスをたどっていました。

Ｂくんの「ちがう」は、もちろん勘違いですが、子どもはそうやって時々勘違いしながら、自分で言葉の法則を発見し、その度に修正を重ねて、正確な言葉を身につけていくというようなことも書かれていました。

のっけから引用ばかりで気が引けますが、この本に「ブートストラッピング・サイクル」という言葉が出てきます。靴を履くときに履き口にあるつまみ（ストラッピング）を引くとうまく引けるという比喩を使って「自分の力で自身をよりよくできる」ことを表現しているとのことです。子どもは、言葉を獲得したら、その言葉を手掛かりにさらに新しい言葉を獲得するというサイクルを形成し、その中で自分の力で学習を深めていくというのです。

Ｂくんは、「ちがう」と間違えながら言葉の法則を発見していくプロセスの中にいて、れおくんは、それを繰り返した結果、オノマトペ→名詞→名詞＋動詞→名詞＋助詞＋動詞と使える言葉を増やしていったのです。

語彙数の増加は、思考する材料が増えるということですから、名詞＋助詞＋動詞のバリエーションが増えれば増えるだけ、自分で考えられる幅が広がり、それにより自我が拡大していきます。自分で決められるようになるし、そういう思いが強くなるから、人から何か言われたら「ヤダ」を連呼することになったりもします。大人はちょっと大変になるのですが、そういう姿もかわいいし、おもしろいし、やっぱりワクワクできちゃうのです。

●「いま、いそがしいから!」

2歳児クラスのYちゃんは、「Yちゃ～ん」という私の表情、声色、その時の状況などから、私の言わんとすることを察知できるので、即座に「ヤダー」と拒否します。「まだ、何も言ってないじゃん」と言っても通用しません。伝えたいことを正直に話しても、当然のことながら「ヤダー」と言われます。

2歳児には、「ヤダ」と発する機器が体内に埋め込まれていて、オートマチック(自動的)に発する仕組みになっているんじゃないのと思うほど、「ヤダ」を連呼する子がいます。でも、「ヤダ」の大半は他人に決められるのはヤダの「ヤダ」なのです。自分で決められる能力を獲得したのだから、それを行使したいから「ヤダ」と言わざるを得ないのです。だから、ケースにもよりますが、2歳児の「ヤダ」は「ヤダ」と言った子のほうが正論。なので、そう言われた時は、その前後に隠された言葉、その子の気持ちを想像する必要があります。

ともあれ、Yちゃんは、2歳にして正確に予測できる能力を獲得してしまったので、1歳児クラスの時の2月3日は「ほいくえんにいかない」とおうちでがんばり抜いて休みました。節分に現れる鬼とは絶対に遭遇したくなかったからです。

ここまで予測できると、あれこれイメージできる「表象機能」も相当発達しているので、ままごとあそびを始めると本格的な調理方法を用いるし、盛り付けも上手だし、抜群の集中力で取り組んでいます。なので、私の「Yちゃーん」が、「ちょっと中断して、牛乳を飲みませんか?」につながるのがわかって「ヤダー」と言うわけです。しかし、そちらは人生を初めて2年と数か月。こちらは、その30倍ほどの人生経験があり、20倍ほどの保育経験もあるわけです。負けちゃいられません（笑）。「Yちゃん、本当にお料理上手だね。ほら、このお弁当箱あげるから、これにいろいろ詰めて、お弁当つくって、お出かけしたら？」と声をかけ、「飲み物は先生が用意するから、包んであげるよ」と小さいペットボトルとバンダナを見せてたたみかけてみました。この作戦はまんまと成功。Yちゃんは、バンダナで包んだお弁当を持って牛乳を飲みに行ってくれました。でも、成功したのはこの1回のみ。あとは毎日断られています。断り方も洒落ていて、「いま、いそがしいから！」なんていう。「そうだよな、Yちゃんはいつも忙しそうだもんな……。それに対して私は、うん、暇だ」と納得し、敗北を認めました。

●ママは鶴

このように、私の保育者人生は子どもの言うことに納得し、負けを認めることを繰り返す、まさに敗北の歴史です。でも、時に、優位に立ち、その子のことはひとまず脇に置き、自分が楽しんでしまうこともあります。

私はつむじが3つもあるので、子どもの頃、「つむじが多い子どもは気むずかしいからなあ、だからこんななんだよなあ……」などと言われましたが、1歳児クラスのそうすけくんはなんとつむじが4つもある超大物でした。

超大物なので、怒り方にも大物感が漂っていました。ひっくり返って大泣き、大暴れする姿は台風のようでした。なので、私は、勇気を出してつむじを触り、「ただ今、台風が4つも発生し、猛威を振るっています！」と実況中継しました。つむじを台風に見立てているわけですが、それで私は楽しいし、かわいいなあと思うわけです。でも、そうすけくんからしたら、失礼極まりない態度なので、私に向かって「あめ〜！（ダメ〜）」と怒りました。「台風って言ったらその返しが『あめ（雨）』なんて、しゃれてるな……」と思わせてもらえるのだから、私にとってはワクワクが嵐のように押し寄せる状況なのです。

月日は流れ、私のそうすけくんを心底かわいく思う気持ちが伝わり、だんだんと心を開いてくれるようになりました。一緒にあそんでくれたり、甘えてくれるようにもなりました。なので、私に「あめ〜！」と言わなくなり、「台風」と触っても笑ってくれるようになりました。

そんなある日の昼寝の時間。「子どもは大人にかわいがってもらえるようにできてるんだよな。これがかわいくみえない大人がいたとしたら、そっちのほうがおかしいんだよな……」と思いながら、そうすけくんの寝顔にうっとりしているうちに目覚めの時間を迎えました。でも、そうすけくんはまだ夢の中です。寝起きが悪いので、この時間に大泣きするのも日常茶飯事でした。私は、かわいい寝顔を眺めながら、頭をなでたり、くすぐったりしました。ほどなく目を開けたそうすけくん、目が合うとニッコリ笑ってくれて、小さな声で私にこう言いました。

「ママ、つる」。

そうすけくんにはさんざん楽しませていただいているので、それだけでも感謝しなければなりませんが、寝起き早々、また喜ばせてくれるようなことを言ってくれたのです。私はすぐに調子に乗って「えっ、ママ、鶴だったの？」と聞き返しました。そうすけくんはきっぱり「うん！」と答えました。あんまりおもしろいので、もう少し続けたいと思い、「ねえ、そうすけくんのママは本当に鶴なの？」と聞きました。すると、そうすけくん、今度は「ううん」と首を横に振りました。これはさらに尋ねるしかないと思い、「じゃ、ママは何なの?」と問いました。しっかり覚醒したそうすけくんは、おだやかな口調でこう言いました。

「たまどはん」(注・卵ご飯の意)。

「卵ご飯か……、ある意味、鶴よりすごい!」。心の底から感心した私は、お迎えに来たママにその顛末を話しましたが、ママが本当に卵ご飯なのかを確認することはできませんでした。

「ママ、つる」という言葉を聞いてすぐに思い浮かんだのは、名作『つるのおんがえし』でした。その後、この一件を思い返し、「全国各地にかぞえきれないほどの民話が伝わっているが、それらは、こんな場面から生まれたのではないか。鶴の恩返しは『おっかさん、つる(くる)?』という子どものさりげない質問から生まれたのではないか」などと推察しました。そんなことあるわけないですが、あったらおもしろいなと、そんなことでもワクワクしてしまいます。

●シシキュウタマ

とある年の5月の早朝。保育室にやわらかい日差しが差し込む中、まだ数名しか登園していない子どもたちが静かにおだやかにあそんでいました。3歳児のAくんが描画コーナーでぬり絵をしていたので、私は隣に座ってその様子を見守っていました。すると色鉛筆の手を止めて、「ねえ、たかはしせんせー、Aくんね、しし○△※◆たま、もってるよ!」と自慢をはじめしました。でも、活舌が悪すぎて全然聞き取れません。なので、「えっ、ししなにだま?」などと耳の遠いおじいさんのように何度も聞き返したもののわからないし、どうでもいいと言えばどうでもいい話なので聞くのをあきらめて、「Aくんはき○たまももってるよね！」と返しました。しかし、Aくんは「ううん、もってないよ！」と返してきます。私は「いやいや、Aくんはき○たまもってるから！」と正しい答えで反論しましたが、2人で「き○たまもってる」「もってない」というやりとりを何度か繰り返しました。するとその隣で静かに絵を描いていた同じ3歳児の寡黙なKちゃんが重い口を開きました。「K、き○たまもってるよ！」と……。私はすかさず「いやいや、Kちゃんはき○たまもってないよ。もってるのはAくん！」といい、Aくんは「もってない！」といい、Kちゃんは「もってる！」と引きません。朝のすがすがしい保育室の中で、き○たま話で盛り上がっていた時にふと気がつきました。同じ部屋のままごとコーナーでは3年目の若い保育士が数名の1・2歳児とままごとあそびをしていたのです。もちろん私たちのき○たま話は筒抜けです。「やばい。こんな話を若い保育士に聞かせたら、セクハラと言われても文句は言えない……」。そう思って口を閉じましたが、この話があまりにもおもしろかったので、その後、何度も何度も一人で思い出し笑いをしてしまいました。

ちなみに「たま」の正解は「シシキュウタマ」というもので、「宇宙戦隊キュウレンジャー」のグッズで、星座がモチーフとのこと。だから「サソリキュウタマ」とか「オオカミキュウタマ」とか、「テンビンキュウタマ」とかいろいろあるらしいと後から知りましたが、こらえ性のない私は、この話を、Aくんのママにも、Kちゃんのママにも堂々と話しました。もちろん、子どもたちとの信頼関係も、この方々との信頼関係もできているからなせる業ですが、二人とも大笑いしながら聞いてくれました。

●「たかはしせんせい、いいおしらせです」

私は、四半世紀以上、ほぼ毎日クラスだよりを綴り続けてきた、自称「日本一クラスだよりを綴る保育者」です。綴り続けてきたことに関しては次章で触れますが、ここでは、3歳児クラスを担任していた2020年に書いたクラスだよりを紹介します。

クラスだより

「たかはしせんせー、いいおしらせです」（11月30日　NO．113）

高い空に保育園を斜めに横切るように雲の筋がつながっていて、それがとても美しく見え、みなとちゃんと手をつなぎながら2人で眺めていると、みなとちゃん「いしみたい」と言う。私には竜のうろこのように見えましたが、確かに石垣みたいにも見える。ともあれ、やわらかい日差しの下で、そんなふうにのんびりと空を眺めて楽しみましたが、直後、そんな私のすぐ近くで、なんとも切ないドラマが繰り広げられることになるのです。ほんと、切ない……。

砂場の前にビールケースをひとつ置いて、その上に砂場で使うコップやらお皿やらを並べ、ザルで砂をこすなどして、みおんちゃんがあそんでいます。その傍らには同じことをしてあそんでいるさくちゃんの姿がありました。みおんちゃんに恋心を抱いているさくちゃんは、みおんちゃんのあそびに自らを合わせることで2人きりの時間をつくろうと考えていたのです。その証拠に、私がみおんちゃんの隣にしゃがむと、さくちゃん、「なんでいるの?」と聞くし、ふみくんがやってくると、強い口調で「あっちいってよ!」などと言う。さくちゃんのみおんちゃんに対するけなげな態度と2人の周囲に何人たりとも入らせないぞという警戒心、このギャップがおもしろくて思わずニヤッと笑っちゃいますが、人の恋路を邪魔するような野暮なことをしてはならないと思い、私はその場を離れ、つばきちゃんとサッカーをしたり、全速力で駆け回るあおいちゃんの後を追ったり、「トイレいきたい」という方々を案内したりしていました。すると、そんな私のところにさくちゃんが駆けてきて、私に向かってこう言います。「たかはしせんせー、いいおしらせです」。そう言われたら聞き返さないわけにはいかないので、「なに?」と返すと、「みおんちゃん、たかはしせんせーとけっこんしたいんだって」と言って笑顔をつくって見せる。そして、そのまままみおんちゃんがいる砂場へと戻っていったのでした。この流れから察するに、さくちゃん、きっと、みおんちゃんに聞いたのでしょう。「だれとけっこんしたいの?」って。「さくちゃん」という言葉を期待して聞いたのでしょう。でも、みおんちゃんの口から発せられたのは期待していたものとは違っていた……。本当は落胆したいところだけど、ぐっとこらえ、そのまま私に伝えに来てくれたのだと思います。切ないでしょ。それでもがんばるさくちゃん、その後もみおんちゃんに寄り添い続け、給食の時もみおんちゃんの隣に座りました。

私は、そんなさくちゃんをが然、応援したくなりました。がんばれ、さくちゃん!

さくちゃんは、クラスで一番しっかりしていて、いろんなことがわかる子でしたが、それにしても3歳児クラスにして、こんなことが言えることに感動しました。ちなみに、さくちゃん、卒園するまでみおんちゃん一筋でした。そして、休日に一緒に公園であそんだり、お互いの家を行き来したりするようになって、さくちゃんの思いはみおんちゃんにしっかり伝わったことを書き加えておきます。

おしり割れている論争

同じ年のクラスだよりで、言葉の解釈をめぐるおもしろい論争を紹介したので、この節の最後に紹介します。

クラスだより

「おしり割れている論争」（2月4日　NO．151）

地球上には、さまざまな論争が渦巻いていますが、今のぱんだ組にも世論を二分する大論争があります。今日はそのことを中心に綴ろうと思いますが、この論争の決着は当分つきそうにありません。

たぶん、ごっこあそびで私が「髙橋医院」を開院させたとき、患者として訪れたちかちゃんに、私が、「おしりが二つに割れているようなので、治しておきましょうか?」と言ったことが始まりだと思うのですが、その時、ちかちゃんが「ちかのおしりはわれてないの！」とものすごい剣幕で怒り、それがかわいいやらおもしろいやらで、以降、「ちかちゃんのおしりは割れてますから……」と当人に直接言ったり、はるくん、みなとちゃんなど、よく〝半ケツ〟を出している方がいるときに、「ちかちゃん、みてごらん、おしり割れてるでしょ！」と確認を求めたりしてきたものの、ちかちゃんは「われてないもん！」と譲りません。それどころか、「たかはしせんせーのバカー」とか「たかはしせんせーきらーい」とか言って大泣きするので、こうなったら、他の方々の意見を聴くしかないと思い、丸とおしり（桃のような形状）、2つの形の絵を描いて見せ、「自分のおしりはどっち？」と、一人ずつ聞いてみると、まさに真っ二つに分かれるので、ちかちゃんはますます強気になります。まあ、どうでもいいと言えばどうでもいい話ですが、それにしてもちかちゃんがここまで固執するのが不思議で、その理由を知りたくなります。そして、今朝、真相が明らかになりました。ちかちゃん、まさこ先生（パートナーの保育士）に、「ちかのおしりからひよこがうまれたらやだもん」と話したそうです。これが答え。辞書で「割れる」を引くと、「1．強い力が加わるなどして固体がいくつかに分かれ離れる。」「2．裂け目ができる。また、傷がついて開いた状態になる。」「3．まとまっている組織などが2つ以上に分かれる。」などと出てきます。「おしりが割れる」というのは「裂け目ができている」ということですが、ちかちゃんは、卵からひよこが生まれてくる。すなわち、「殻にひびが入り次に割れる」と言う状態を「割れる」と考えていたわけです。なるほど、日本語はなかなか難しい。

というわけで、自分のおしりが割れていると思う方々、割れていないと思う方々、どちらもいらして論争は平行線ですが、園庭であそんだとき、板とビールケースを組み合わせて滑り台のような形状にしたところに、台車にそりをくくりつけた乗り物を乗せ、ジェットコースターのように滑らせましたが、割れている派も割れていない派もその上におしりを乗せて、嬉しそうに滑っていました。

翌日、ちかちゃんのママが、このクラスだよりの感想を寄せてくれました。

「いつもありがとうございます。家に帰ってトイレにいくと、『ちかのおしりわれてない？』と聞いてきました。その後、お風呂でも、『ちかのおしりわれてないよ！』と言っていましたが、自ら、風呂の鏡でおしりを見た瞬間「…おしり、われてる…」とおしりが割れていることを確認しました。しかし、「割れる」＝「卵」のイメージはあるようで、『おしりからきりんさんとかうさぎさんが出ないように、しっかり固くしなきゃ！』とおしりをしめていました。」

●言葉を追うだけでも子どもの世界はこんなにおもしろい

赤ちゃんが、まさに真っ赤な顔で全身を震わせながら力いっぱい泣いて、「私の思いに気づいて～」と訴える姿ももちろんかわいいわけですが、喃語《なんご》、オノマトペ、1語文、2語文、助詞の登場……と、語彙数が増え、それとともに思考力も向上し、イメージの世界が広がって、さまざまな会話が成立するようになる……。言葉を獲得して語彙数が増えていくプロセスを間近で見られるだけで、それはもう楽しいわけです。そして、その中で、今紹介したようなさまざまなおもしろい物語が紡がれていくのです。これにワクワクせずにいられるでしょうか。私はいられません。

2 日々の生活やあそびに"ワクワク"

●おもしろいことがあふれている

言葉を追うだけでも、子どもの世界はこんなにもおもしろいし、ワクワクすることだらけなのですから、保育園の日々の生活はおもしろいことがあふれています。あそびがおもしろいのは言うまでもありませんが、一見、おもしろいことなどなさそうな場面でも、視点をちょっと変えてみると、その中にもおもしろいものを見出すことができます。私は、おもしろがることにだけは貪欲なので、あらゆる場面でおもしろさを追及することに心血を注ぎ、実際に、たくさんのおもしろさを発見したり、つくりだしてきました。

ここでは、そういうところを紹介します。

●5歳児室の景色

ある年の5歳児クラスの一場面です。

あゆちゃんは、私のことを「じゃがいも！」と呼びます。何かにつけてあゆちゃんをからかってあそぶ私への報復だと思われますが、私は「ねえ、あゆちゃん、そんなにかわいい顔してるのに、先生のことをじゃがいもなんて呼ぶなんてひどいーっ！」と抗議してから、「そういうあゆちゃんの前髪だってわかめのくせに……」と反論します。すると、あゆちゃん、「たかはしせんせーなんて、ポテトサラダだ～っ！」と言い返します。じゃがいもが調理されてワンランク格上げされた感じがおもしろくて、笑いをこらえるのにちょっとがんばらなければならなくなりましたが、そんな空気を察し、このやりとりを聞いていたあゆちゃんと大の仲良しのななちゃんがニヤッと笑ってから、あゆちゃんに呼応し、一緒になって「ポテトサラダ～、ポテトサラダ～！」と叫びます。私は「ひどいーっ」と首に下げたタオルマフラーでいったん顔を覆い、そこで、鼻の穴を膨らませ、下唇を突き出し、眉間にしわを寄せるなどの一連の動きを同時におこない、タオルを外し、その動きでつくり出された恐ろしい形相で、「もーっ、許さないぞ！」と、2人をにらみ、「よおーし、こうなったら、まさはるくんのことを、ものすごく恥ずかしい格好にしちゃうからな！」と言い返すと、2人は「いいよ！」と言って笑い、私に背を向けてあそんでいたまさはるくんがすぐさま振り返り、「なんでオレなんだよ！」と反論するので、「この前、いつも先生に言っているように、よそのクラスの先生のことを〝おまえ〟って呼んだろ。だからだよ！」と追いかけると、「もーっ、ふざけんなよ～！」と言いつつ、半笑いを浮かべながら逃げるので、「ふざけてんだよ！」と言い返して、なおも追いかけると、こういうときに何度も巻き込まれたゆうせいくんが、次は自分が狙われる番だと、いち早く気配を感じ、いつでも逃げられるように半身の姿勢で身構えるから、やっぱり応じてあげなければ……と思い、反転してゆうせいくんに向かって猛ダッシュし、ただちに捕獲し、馬乗りになってくすぐりまくります。ゆうせいくんは、笑いで声が出ない状況の中、「まいりましたあ～」と何とか絞り出し、それを受け、私はゆうせいくんから手を放し、そのまま仁王立ちして「どうだあ～」と勝ち誇ります。一連の行為にかかわっていたあゆちゃん、ななちゃん、まさはるくんはとりあえず笑い、ゆうせいくんは、笑いすぎて出た涙とよだれをぬぐいますが、他の子たちは何もなかったかのように淡々とあそび続けます。こんなことは日常茶飯事だからです。ともあれ、そんなこんなでめちゃくちゃです。

もちろん、朝から晩までこんなことをしているわけではありません。ほとんどの時間、子どもたちは何かに熱中したり、みんなで決めたテーマに即して活動するなどしていて、私も、熱中している子どもたちを観察し、「ふーん」などと言いながら、あれやこれやと思索にふけったり、子どもたちに教えたり、教えられたりしています。でも、日に何度かはこういう光景が広がり、その中で、おもしろくて、楽しくて、安心できる空気が醸成されていくのです。

●歯科健診、子どもはドキドキ私はワクワク

人を笑わせることが好きな人は、人が笑っているのを見るのが好きだから好きなのだと思います。私はその典型を自負していますが、私のような上級者は、決して笑ってはいけない場面で、あえて自分が笑ってしまいそうなことを自分から仕掛け、笑いを必死に我慢しているのに平静を装い、後で思い出して涙が出るほど笑う……。そんなことをして楽しんだりもします。その一例を紹介しますが、今思い出しても笑っ

てしまいます。

私が子どもの頃は、保育園や学校でも注射を打つことがあって、その日は恐怖のあまり朝から生きた心地がしませんでしたが、今の子どもたちは、健康診断と歯科健診くらいなので比ではありません。それでも、小さいクラスの子どもたちの多くは健康診断のたびに大泣きしてしまうし、大きくなっても歯科健診はかなり緊張するようです。私たちが歯医者に行って緊張するのと同じように……。

歯科健診の受診の仕方は、正面に立って口を開ける、正面を向いて保育者の膝の上に座って口を開けるなどもありますが、まず、子どもが保育者と向き合う形で膝の上に座り、そのまま歯医者さんの方に向けて頭を下ろし、ちょうど歯医者さんの膝の上に頭が乗る形になって、それで歯医者さんに上からのぞくように診察してもらうやり方もあります。私はこれが好きで、これをするとどうしても遊び心に火がついてしまいます。

小さいクラスから順に診てもらい、5歳児クラスには、4歳児クラスの子が半分くらい終わった頃に「もうすぐです」と連絡が入り、それから部屋を出ていくのですが、私はここぞとばかりに「痛いかもよ……」「怖いかもよ……」などとささやいてあそびます。「いたいわけないじゃん！」「こわくなんかないよ！」と威勢を張る子もいますが、そんな子でも内心はドキドキです。そして、事務所前の廊下に並んで待機し、呼ばれるのを待ちます。

ついに5歳児クラスの順番がやってきました。先頭の子と私が事務室に入室すると、白衣を着てマスクをした歯医者さんがこちらを向いて待ち構え、その脇には医療器具が並び、歯医者さんの隣にはペンを持って書類に向かう看護師がいます。

「どれどれ」と最初の子を私の方に向けて抱っこしてそっと頭を倒すと、その頭を受け止めながら歯医者さんが「じゃ、口をあけて」と優しく声をかけてくれます。そして、口を開けたら器具を手に口の中をのぞきながら「AからC斜線」「DがCO」などと伝え、看護師はペンを走らせます。

私の役割は「椅子」ですから、やることがなくて暇です。ものすごく怖がったりしてくれたら少しはおもしろいかもしれませんが、年長ともなれば緊張はするけれどぐっとこらえて踏ん張るわけで、そうなると、なんかちょっとつまらない……。そんなふうに思いながら診察してもらっている子どもをぼーっと眺めていたら、両腕がだらーんと下がっているのが目に付きました。「ん?」と思った次の瞬間、私はとってもおもしろいことを思いつきました。そして、表情一つ変えず、両腕の手首あたりをそっと握り、そのまま両手をその子のズボンの中心に重なるように置きました。かしこまった感じにも見えるし、大事なところを隠しているようにも見えます。普通の精神状態であれば、「また、ふざけて……」と思ってすぐに腕を下ろすところですが、診察の真っ最中で、緊張している上、気持ちは口に集中しているわけです。どの子もおもしろいように私にされるがまま。両手を重ねて添えたまま動かさないのです。

これがおもしろくないはずありません。まさに声を上げて大笑いしたいところですが、もちろん、そんなことができるシチュエーションではありません。だから、ぐっと我慢するわけですが、そんなことをして、そんなことで我慢している自分がやたらとおもしろくて、最後の子まで我慢し続けて部屋に戻る頃には、妙な達成感を覚えていて、子どもたちには「先生にこんなことされてもみんな気づかなかったな。はっはっはっ」と高らかに笑い、一人で満足しました。

「そんなことをして楽しいと思うのもどうかと思うが、楽しいとしてもそれはあなただけでしょ」とお叱りを受けそうですが、確かに、その場で楽しいのは私だけです。でも、その時のことを子どもたちに話して「せんせいなんだから、ちゃんとやれよな」と叱る子どもたちも楽しそうだし、クラスだよりに綴って伝えることで保護者の方々にも楽しんでいただくことができるのです。もちろん、そんな私を受け止めていただける子ども、保護者の方々の寛容さと、そこまでの信頼関係ができているという前提があって可能になるわけですが……。

●子どもも私もプールでワクワク

私は、もともと調子に乗りやすいタイプですが、夏の暑い日差しの下にキラキラ輝く水面、そんなのを見てしまったら、しかも、自ら水着を着て、その場に立ってしまったら、より一層調子に乗ってしまうので、暑い夏、プールに入るときは、まず、「今日は調子に乗りすぎないように」と自分に言い聞かせます。でも、たいていは後悔することになります。

ひと昔前は、どんなに暑くてもプールに入っていたし、というか、暑すぎたらプールに入らずにはいられなかったし、子どもたちが裸で園庭や園舎内を走り回ることも当たり前でした。しかし、月日は流れ、今や、「暑さ指数」というプールに入る際の指標ができて、寒くて入れないのは当たり前として、暑すぎても入れないし、プールには日よけがなければならないし、通行人に見られないように目隠しをしなければならないし、安全を確保するために必ず監視員を置かなければならないなど、もちろん必要だからそうしているわけですが、いろいろと大変になりました。

それでも、やっぱり、夏のプールは、子どもにとっても、私にとっても格別で、そのような約束事は遵守しつつも、おもしろいことをいろいろ考えて、思いっきりあそびます。ここでは、私のプールの定番あそびを紹介します。

ひとつめは、「セクシートンネルくぐり」です。私がプールの縁に後頭部をのせ、プールサイドにのせた両肘で身体を支えながら仰向けの格好で身体を伸ばします。そうすると、私の背中の下にトンネルのような空洞ができ、子どもたちが潜ってそこをくぐります。ただそれだけの話ですが、何がセクシーなのかというと、子どもの身体のどこかが私の体のどこかに触れてしまうと私が「いやーん」と声を出してしまうところ。なので、子どもたちは、私に触れないように慎重に潜らなければなりません。毎度のことながら実にくだらないわけですが、私に触れないように潜るというのが子どもたちにとってはおもしろいし、私が「いやーん」などと言っているのを見ている子たちもおもしろいわけです。

子どもたちがプールの真ん中に一列に並び、両足を開いて立ったところを私がくぐるというトンネルくぐりもあります。たいていは、子どもたちがわざと私の背中とか頭とかに座るので、最後までくぐれたことはほとんどありませんが、乗られたあと、顔をあげて、「あー、苦しかった。もう、やめてよ！」と叫ぶとみんな大喜びです。そんな感じでくぐらせたりくぐったりを楽しみます。

「ワニワニパニック」というあそびもあります。これはプールの端と端で私と子どもたちが対峙し、私は手にホースを持っていて、子どもたちはワニの格好をしています。そのようにスタンバイしたら、私が「ワニが怖いわ。今日は私を食べにワニが来ませんように……」などと叫び、次に「キャー、あそこにワニがたくさんいるじゃない。助けて～！」と叫ぶと、ワニたちが私に向かってワニ泳ぎで近づいてきます。私は「やめてえ～」と叫びつつ、ワニたちにホースを向けて思い切り水をひっかけてあそびます。それにもめげず、私に近づいて、最初に私の足にかみついた人が勝者としてたたえられます。これがワニワニパニック。これであそぶと、水が顔にかかるのが嫌だった子が平気になる……なんてこともごくたまにあります。

今や、プールがない保育園も当たり前のようで、あってもとても小さいとか浅いとかそういうところも多いようですが、幸いにして、私が働いてきた保育園はどこもそれなりに大きいプールがありました。だから、子どもを抱きかかえ、放り投げても大丈夫なのでこんなあそびも可能になります。「メダカジャンプ、イルカジャンプ、トビウオジャンプ」です。

水が、怖い子はそーっと投げる、というか、そっと置くからメダカジャンプで、スタンダードタイプを望む子にはイルカジャンプで対応し、とにかく遠くまで飛びたいという子はトビウオジャンプさせてあげます。それぞれの希望を伺ってから、「うりゃーっ！」と投げ飛ばすのですが、水しぶきの向こうに広がる子どもたちの笑顔が最高です。ただ、これを20人連続でやると、私はヘロヘロになります。

この他、サイドスープレックスとかパイルドライバーなどのプロレス技をかけてあげることもあります。こんな感じで、ついつい調子に乗りすぎて、思いっきりあそんでしまったあとはもう疲労困憊。「もうちょっとセーブすればよかった……」と後悔することになるわけです。でも、何度も何度も同じことを繰り返してしまうのは、子どもと一緒に私もワクワクしまくってしまうからなのです。

●愛のゴロンゴロン――散歩でワクワク

欧米でも日本においても、森の中に子どもたちを解き放ち、四季折々の自然を肌で感じながらのびのび育てる保育実践が広がっています。「森の幼稚園」と呼ばれる取り組みです。さすがに東京の下町に森はありません。しかし、もともとは海の下だったゼロメートル地帯には、たくさんの河川が流れています。だから、土手があります。そして、ここも自然の宝庫なのです。

私は、子どもたちを連れて足しげく土手に通い、四季折々のあそびを楽しんできました。

春、私たちは、心地よい風を感じながら咲き誇るソメイヨシノの下を歩きます。生き物たちの動きも活発になります。あっちでもこっちでもボラが大ジャンプします。その姿は、水族館のイルカショーや大海原であそぶクジラを連想させます。

見上げると、空には、東京23区内なのに悠々と羽根を広げるトンビと、テリトリーを侵されたカラスがそのトンビを追い払おうと挑んでいく姿を見ることができます。川面に目を戻すと餌を追って潜ったり浮かんだりするカワウの群れが見え、川岸にはゆっくり歩くシロサギや、直立不動のアオサギを見ることができます。アオサギは私たちが近づいても動かないので大したものです。そんな時はどの子も息をのみ、そっと近づきますが、そのドキドキ感がこれまたたまらないのです。

ハゼ釣りをしているおじさんとも出会います。子どもたちが近づくと今日の釣果を自慢気にみせてくれます。そんな姿に触発されるのは私で、「オレたちも負けずにつかまえよう！」と提案し、ペットボトルでつくったワナにさきいかを入れ、紐をくくり付けて水に沈めます。紐は杭にくくりつけます。翌日、ワクワクしながら紐をたどり、ペットボトルの中をのぞくと、そこには小さいハゼが泳いでいて、みんなが歓声を上げます。

川に沿って歩き、目を凝らして中をのぞくと、浅瀬で日向ぼっこしている小さいハゼ、数匹で群れをつくって泳ぐメダカと出会えることもあります。メダカを見つけたら、持参した２本の網を両手に持ち、宮本武蔵ばりの二刀流で、右と左から同時にそっと網を下ろし徐々に近づけていきます。うまくいけば５～６匹同時につかまえることができて、私はみんなから尊敬されます。

シロツメクサを集めて冠をつくったり、ボート部の高校生ががんばってオールを漕ぐ姿を見つけて声援を送ったり、土手の坂のコンクリートブロックでボルダリングのまねごとをしてあそぶこともあります。

秋には、ショウリョウバッタやトノサマバッタを追い回し、捕ま

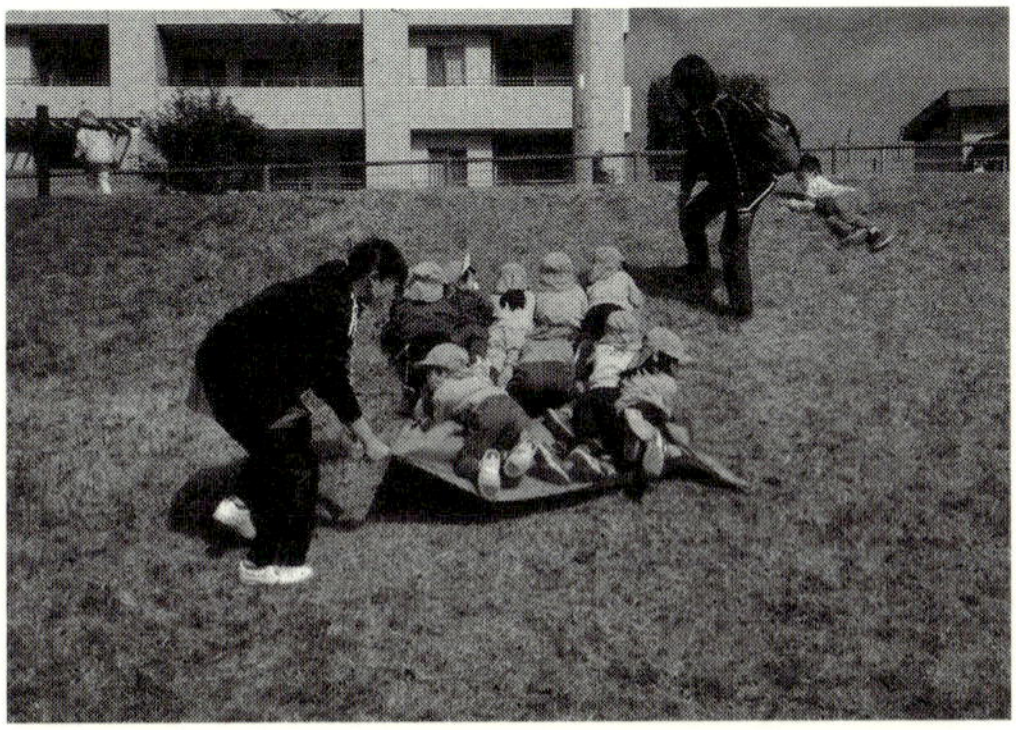

えた数や大きさを競い、冬には、強い風の中で凧揚げを楽しみます。そして、河津桜が満開になる頃、進級や進学が近づいてくることと一年の終わりを感じるのです。

そんなこんなで、いろんなことを体験できるので、私は土手を「私たちの聖地」と呼んでいますが、聖地での最もポピュラーなあそび、それは、なんといっても芝滑りです。芝滑りにもいろんなバリエーションがあります。スキー場などにあるソリで滑るのがスタンダードですが、ダンボールの切れ端にまたがって滑ることもあり、ダンボールをスノーボードの形に裁断し、スリッパのようにすっぽりと足を入れられるようにして、立ったまま滑るというのも5歳児になればできるようになります。

ブルーシートに10人くらいを乗せ、保育者が力を合わせて引っ張って滑るというのもなかなか楽しいものです（保育者の体力はかなり消耗しますが……）。

そんなものは使わずに、身一つで滑る、いや、転がるというのもあります。その姿はスタントマンさながらですが、誰がかっこよく転がれるかとか、誰が早く転がれるかとか、一斉に転がって競争したりもします。

さらに、それを発展させて、2人で抱き合いながら転がり落ちるというパターンもあります。土手の上で2人組をつくり、抱き合って寝転がり、そのまま転がり落ちるのです。私はそれを「愛のゴロンゴロン」と命名しました。なので、「そろそろ、愛のゴロンゴロンやろう！」と提案すると、ほとんどの子が「やる、やる！」と喜んでペアをつくりますが、中には「やだあ、やりたくない！」と声援を送る側に回る子もいます。ともあれ、2人の息が合わないと下までたどり着けないし、そもそもまっすぐ転がるのもなかなか難しい。冬の時期には、全身枯れ草まみれになってしまいます。やるほうは真剣そのものですが、上手にできてもできなくても、下からの眺めは「おもしろい」のひとことです。保育園に戻り、部屋の前で一人ひとりの服に絡みついた枯れ草をパンパンとはたき落としながら、「今日もよくあそんだなあ、おもしろかったなあ～」と振り返る時間は、私にとっていつも至福です。

3 「ごっこあそび」で"ワクワク"

ミミクリ（模倣のあそび）

フランスの社会学者ロジェ・カイヨワは、著書『遊びと人間』で、あそびを４つのカテゴリーに分類しました。そのうちの一つ「ミミクリ」は、何かを真似たり、役割を演じたりするあそびです。みたてあそび、つもりあそび、みたてつもりあそび、ごっこあそび、役割あそびなど、保育園には「ミミクリ」に該当するあそびが満ちあふれています。そして年齢が上がるにつれ、内容はどんどん洗練され、バリエーションも増えていきます。

その代表格と言えるのが、ごっこあそびです。ここではごっこあそびに焦点を当てますが、その前段階、2歳児期の「みたてつもりあそび」から見ていくことにしましょう。

●ぽぽちゃんの受難

保育者には「釈迦に説法」みたいな話から入りますが、「みたてつもりあそび」は、例えば積み木をミニカーにみたてることと、ドライブにでかけているつもりを同時に楽しむあそびという意味で、このあそびは特に生活に密着していて子どもたちにもなじみ深いものがテーマになります。その代表は何といってもままごとです。お買い物に行く、料理をつくる、それを食べる……という一連の流れは、どの子も毎日経験していることなので、イメージしやすいのはもちろん、子ども同士でイメージを共有しやすくもあります。

ある年の2歳児クラスの秋。自分の好きなあそびを楽しみ続けてきた子どもたちは、だんだんと友だちのしていることにも興味を示すようになり、友だちと同じものをおもしろがったり、顔を見合わせて笑いあったり、共感する喜びも味わえるようになってきました。こうなれば、イメージを共有してあそぶことも可能になり、それがとっても楽しい活動になります。2歳児期の主導的活動は「みたてつもりあそび」と言われますが、そんな子どもたちを見ていると、「本当にその通り!」とつくづく思います。

気が付けば、どの子もままごとあそびを中心としたみたてつもりあそびが大好きになり、ホールで巧技台やコンビカーであそぶ時も「遊園地に出かけましょう」と話すと、が然と盛り上がるし、運動会の取り組みでも、みんなが好んで見ている絵本『どうぶつサーカスはじまるよ』(福音館書店)のストーリーに乗せて、登場する動物を自分のマークと重ねてあげることで、つもりの心が刺激されて大いに楽しんでくれました。そういうのがあるとないとでは大違いなのです。

2歳児クラスには、ままごと道具の他、スカート、エプロン、おぶい紐、カバンなどのグッズも用意してありますが、人形の「ぽぽちゃん」は、1歳児クラスの時から愛用していて、おんぶしたり、ミルクを飲ませたり、寝かしつけたり、病院の患者にするなど、進級してからも人気を博していました。

というわけで、みたてつもりあそび全盛の今、ぽぽちゃんはクラスになくてはならない存在になりましたが、ぽぽちゃんにとっては、受難と呼べる状況が生まれるようにもなったのです。

Rくんが、ぽぽちゃんを2体持ち出し、右手と左手それぞれでぽぽちゃんの足をつかみ、お互いをぶつけあってあそんでいる姿は以前からみられていました。でも、それが何を意味しているのかはつかめていませんでした。ある日、ぽぽちゃんをぶつけあいながら、「のこった、のこった」とつぶやく声が私の耳に届きました。「そうか、これは相撲をしているつもりなんだ……」と、やっと理解できました。ともあれ、それそれを始めたら隣で「はっけよい、はっけよい」と掛け声をかけてみることにしました。それまでは「なんでこんなに乱暴に扱うんだろう?」と思っていたのですが、大きな間違いだったことがわかりました。でも、ぶつけ合いまくられるぽぽちゃんの気持ちを考えると、「まだ赤ちゃんなのに、ぶつかり合い稽古ばかりさせられてかわいそうに……」と思わずにはいられません。

○くんは、1歳児クラスの時から太鼓と踊りが大好きで、年長クラスの荒馬踊りを見て大興奮し、部屋のあちこちをブロックなどで叩きまくるので、若い先生が○くんのために段ボールで太鼓をつくってくれて、2歳児クラスに進級してからも活用されていました。

8月頃、夏祭りに出かけたAちゃんが「とうきょうだいおんど（正確には大東京音頭）」というワードを繰り返し口にするようになったのを機に、担任の一人が子どもたちと盆踊りを楽しむようになりました。

9月に入ると、今度は別の担任がお祭りごっこを主導し、おみこしをつくりました。盆踊りでは激しく太鼓を叩きまくり、おみこしを担いでは「わっしょい、わっしょい」と力強いかけ声を連呼していた○くん。そんなこんなで、○くんの荒馬ブームはしばらく影を潜めていました。それが再熱したのは、運動会を前に年長クラスが荒馬踊りの練習をはじめ、太鼓の音が聞こえてきたり、練習を目にするようになってからでした。○くんが再び部屋を駆け回ったり、あちこち叩きまくったりするようになったのです。

そんなある日、○くんはままごとあそびのスカートをはき、股間の部分にぽぽちゃんを入れ、ぽぽちゃんの両手を握りました。そのまま飛び跳ねたので、何を表しているかはすぐにわかりました。荒馬踊りの「馬」をスカートとぽぽちゃんで表現したのです。この「みたて」の力と応用力に閉口しましたが、それを使った「つもり」も見事としか言いようがありませんでした。そして、○くんの「荒馬」は、他の子どもたちの心にも響き、真似する子が続出。みんなで楽しく踊る姿がなんともかわいらしく、これは本家本元の年長クラスの子どもたちに見せてあげないわけにはいかないと思い、ただちに出張し、5歳児クラスで披露しました。○くんを筆頭に2歳児クラスの子どもたちが楽しく踊り、それを5歳児たちが微笑みながら見学する姿が実に素敵でした。

相撲させられたり、荒馬踊りの馬にさせられたり、ぽぽちゃんにとっては災難ですが、2歳児たちの「みたてつもり」は、こんな感じで、大人の想像を超え、どんどん広がっていくのです。そこが2歳児保育の醍醐味のひとつだと思います。

スタジオ　アン・ルイス

そういう行事がある園もない園もあるでしょうが、私が勤めてきた墨田区の公立保育園には、日常的におこなわれる「ごっこあそび」とは、またちょっと違う、行事としての「ごっこあそび」があります。その園の「ごっこあそび」は、5歳児クラスは子どもと担任で相談して取り組み、4歳児クラスは担任だけが取り組み、3歳児は参加するのみでした。

その年、私は4歳児クラスを担任していたので、どんなお店をつくるかは私が決めることになっていました。こうなると、私の遊び心に火がついて、ワクワクしながら思索を巡らせましたが、そういう時にはポンと神が降臨するのです。その神は私に「今回は、〝スタジオ・アンルイス〟にするように」と告げて消えました。

「スタジオ・アンルイス」、説明の必要はないかもしれませんが、写真館「スタジオアリス」のパクリです。いや、若い人は「アン・ルイス」を知らないかもしれないので、そこだけ説明します。昭和を代表する女性のロック歌手です。だから、お店の名前は単なる昭和のダジャレ（笑）。

ともあれ、つくることが大好物な私は、インスタグラムの画面のような写真スポットと実際にスタジオアリスにあるような虹と雲の背景画をさっさとつくり、スタジオアリスのロゴマークをまねた看板もつくり、次に空き箱とラップの芯で一眼レフ&三脚を見事につくり上げ

ました。そうしたら、私が早くあそびたくなってしまい、前の週の金曜日に「プレ・スタジオ・アンルイス」を開催することにしました。

写真撮影ができる場所は2か所で、インスタグラムの前には一眼レフを、虹と雲の前にはPCとプロジェクターを配し、そのわきにスクリーンを置きました。撮影場所に立つと自分の姿が映像となって映し出される仕組みです。その手前には、シンデレラなどのドレス類、かつら、リボンなど、女児が好むものから、私が長い期間かけて買い集めた、ダースベイダーやターミネーターなどのお面、保育着にしているFC東京のレプリカユニホームや区役所から支給された作業着とヘルメットなどを陳列しました。

プレ企画は大成功で、わがクラスの子どもたちは大いに楽しんでくれました。

翌週の火曜日の朝、ふと、一眼レフが一台じゃ足りないと思い、使い捨て弁当箱と紙コップで試作品をつくると、これがまたよくできて、子どもたちに「つくりたい？」と聞いてみると、当然のごとく「つくりたい！」というので、材料を渡して、勝手につくっていただくことにしました。

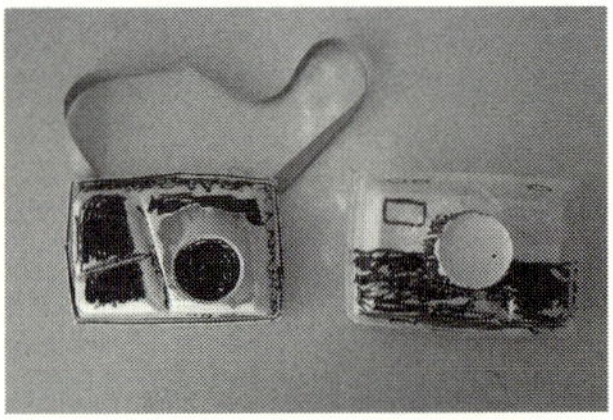

そして、もっとすてきなスタジオ・アンルイスにするにはどうしたらいいかとみんなに問うと、山口くんが、「飾りつけをつくればいい」「紙をハサミで切って貼る」など、いろいろ言ってくれたので、折り紙で切り紙をしたものを紐につなげたり、折ったり切ったりしたものを窓に貼るなどして飾りつけをして、最後は、私をモデルにした「髙橋撮影会」をして終わりにしました。いろんなポーズをとってみましたが、アイドルやモデルなどの仕事の大変さがちょっとわかった気がしました。

いよいよ、「ごっこあそび」が始まりました。隣の部屋、5歳児クラスは「おばけやしき」で、ちっとも怖くないおばけやしきでしたが、人気は高く、入り口には長蛇の列ができていました。対して、「スタジオ・アンルイス」は閑古鳥が鳴いていました。とってもおしゃれなのに……。来てくれる子は、怖くないおばけやしきが怖い3歳児クラスの数名とディズニーに憧れる女児たちばかり。仕方ないので、私はBGMに「アン・ルイスメドレー」を流して、一人、昭和の時代を懐かしみました。翌日も人気はさっぱりだったので、私はカメラの前に座って、一人でユーチューバーごっこをしてあそぶことにしました。そして、最後は、年長の女の子たちにかつらをかぶらされ、スカートをはかされ、マネキン人形のようにされ、その格好で園内を歩かされて、2日間のごっこあそびは終了しました。

子どもたちからの人気はイマイチでしたが、保護者の方々からは好評を得ました。インスタグラムと虹&雲の写真スポットを2日間とも玄関前に展示し、「自由にお使いください」と掲示したところ、登降園時にたくさんの保護者の方々がスマホを出して、わが子にポーズをとらせて撮影し、子どもたちは一眼レフで保護者を撮る真似をして楽しんでくれたのです。

そんなわけで、それなりに楽しめたものの、おもしろかったのは「スタジオ・アンルイス」というネーミングだけだったような気もしないでもなかったので、翌年、5歳児クラスに持ち上がった私は、リベン

ジを誓いました。

きずな部長

「ごっこあそび」の話は、もう少し続きますが、その前にちょっとまじめなことを書きます。

『OECD保育白書』の中に「ベルギー（フラマン語圏共同体）におけるチャイルドケア施設のための自己評価尺度を志向したプロセス」という記載があります。これは、施設が自分たちで保育の質を測定するための枠組みですが、このように説明されています。

「この枠組みの中心にあるプロセスの変数は、ウェルビーイングと参加である。ウェルビーイングとは、喜び、くつろいだ感情、自発性、生き生きした状態のことで、より深いレベルでは、自己信頼感、自分自身の情緒と経験に触れている状態として定義される。参加というのは、関与、集中と持続、集中的な心的活動、探索動機の充足、自分の能力の限界まで積極的であること、という意味である。ウェルビーイングと参加は、質の重要な指標であり、ウェルビーイングは精神保健面で安定した状態、参加は深いレベルの学習と発達の状態とみなされる。」

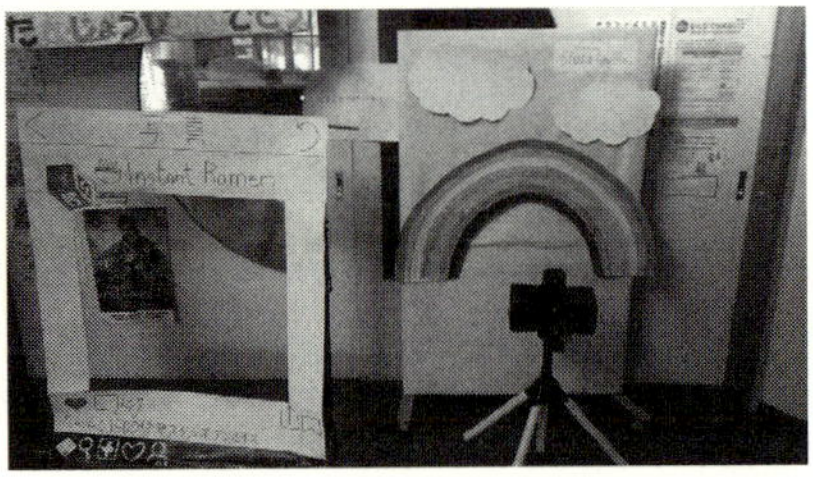

子どものウェルビーイングと参加という2つの指標に基づいて施設や実践者が評価されるのです。対象が子どもではなく施設や実践者というのがミソなのですが、ここでは、ウェルビーングと参加という観点

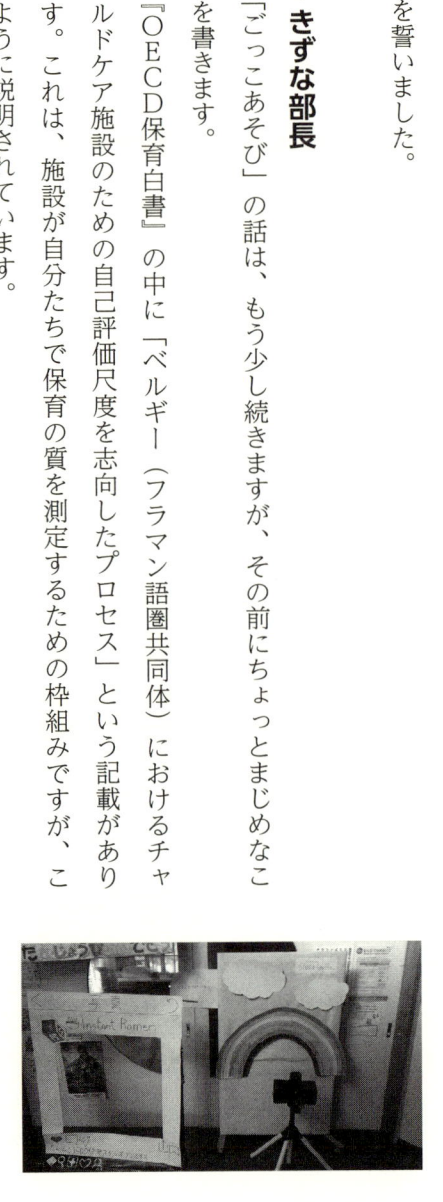

から、きずなくんの姿を中心に、「スタジオ・アンルイス」を開いた翌年、そのまま持ち上がって年長クラスを担任した時に、リベンジを果たすべく奮闘した「ごっこあそび」の取り組みを紹介します。

前年の大晦日、自宅から少し離れた、いつもはいかない大型スーパーマーケットに買い物に行きました。開店30分にして、駐車場への道は渋滞し、入場制限もしていて店舗の入口には長蛇の列ができていました。そんな人気スーパーマーケットで買い物をしながら、「そういえば、ごっこあそびで何をするか何も考えていなかったなあ、スーパーマーケットなんていうのもおもしろいなあ……」などと思い、年が明けて、そんな話を子どもたちにしてみました。感触はすこぶるよかったので、ラキュー（細かいパーツのブロック）好きの男の子たちに、「スーパーマーケットで売ってるような商品をつくってみて！」と声をかけると、さっそくプチトマトをつくってくれて、それを透明のプラスチックケースに詰めたらとってもいい感じでした。それを機に、ニンジン、ダイコン、バナナ、ミカンなど、青果類が次々できあがりました。そこで、「ごっこあそび、どんなお店をしようか?」と朝の会で相談すると、この流れなら当然ですが、「スーパーマーケット」とすんなり決まり、すぐに、つくりたいも

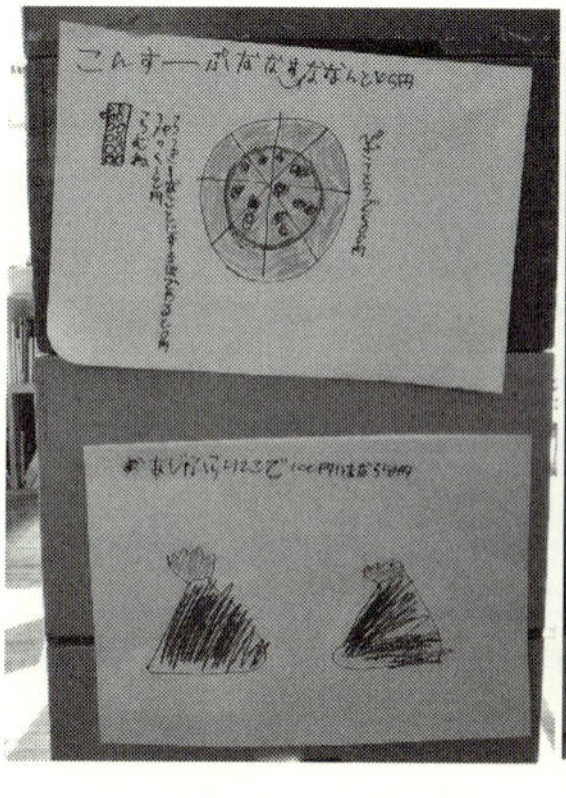

のをつくりたいようにつくっていただくことにしました。

きずなくんは、クラス一のラキュー名人ですが、その技を商品つくりに活かせるのがうれしくて楽しくて、毎日、何をつくるか自分で決めてコツコツ取り組みました。ママによれば、家に帰っても話はごっこあそびのことばかりとのことでした。そんなわけで、朝から晩まで、きずなくんの頭の中は「スーパーマーケット」一色で、ラキューのパーツが足りなくなると、今度は粘土に着目し、粘土でキャベツなどをつくり、出来上がったものからラップでくるんで包装していました。ここまで情熱を注いでいただけたら、何かの役職に就けたいと思い「部長」の辞令を交付し、合わせてネームプレートを支給しましたが、部長になってからもきずなくんの快進撃は続きました。

朝、登園すると、「今日は○○をつくってみようかな?」と、勝手に就任した社長の私に相談に来て、「やってみなさい」とゴーサインをもらうと、保育室の片隅で黙々とつくり続け、出来上がったら再び私のところに持ってきて意見を求めます。「これなら店に出せるな!」と言ってもらったら、商品を棚の上に置いて次の商品開発に取り掛かります。他の子たちが準備に飽きて他のあそびを始めても部長だけは仕事を続けました。自分で決めて取り組んだ「チラシ」もすばらしい出来栄えでした。

ちなみに、店の中には、チラシだけでなく、さまざまなポスターを貼ったのですが、まさはるくんのポスターのセンスが抜群で、「こんすーぷ(コー

ンスープ）、な、な、な、な、なんと１０５円」「らっきーなことに、すまほでやると０円、３パック１００円、らむね」などの文字入りのポスターはおもしろすぎて爆笑しました。まさはるくんは部長の次に活躍していたので、「課長」の辞令を交付することにしました。

インフルエンザの流行で、「ごっこあそび」は延期になった上、1週間後に1日だけの開催となってしまいました。それでも、クラスだけで楽しみながら課題を探したプレオープンをはじめ、スーパーマーケットごっこを心行くまで楽しむことができました。プレオープンでは、開店に向けて課題を見つける目的もありましたが、レジスターが1台しかないことでレジ待ちに長蛇の列ができてしまうことがわかりました。そこで、娘がおもちゃのレジスターを集めている他クラスの保育者から2台借りましたが、これがまたすごかったのです。スキャナーの装備はもちろん、カードリーダーやマイクまで付いているという高機能ぶりで、子どもたちは目を輝かせ、レジ打ちあそびも大いに楽しみました。何事も、結果よりも経過が大事と言われますが、そのことを改めて実感するに至りました。

その1日も、10時の開店時間をめざして準備を進めていたものの、2歳児クラスが散歩に出かける前に立ち寄りたいと、9時半に押し寄せてきたので、準備のテンポを上げ、開店時間を9時40分に繰り上げました。ほどなく、3歳児クラス、4歳児クラスの子たちも押し寄せて、瞬く間に大盛況。セルフレジも含めた3台のレジの前には長蛇の列ができ、買い物を終えて廊下に廃棄された商品を係長の女の子3人がカゴをもって何度もとりに行き、改めて陳列棚に納めました。休む暇がないほどの忙しさでした。ところが、青果類、肉類、お菓子類、総菜類などは飛ぶように売れるものの、鮮魚コーナーはほとんど素通りされ、ここだけ売れ行きがさっぱりでした。そこで、「誰か、魚売り場で呼び込みをしてくれないかな？」と声を上げると、山口くんが「ぼくがやる！」と立候補してくれました。その後は、「さかな、やすいよ～」「おかいどくだよ～」と大声を出して客を呼び込み、次々と売りさばいてくれたので、直ちに「魚売り場主任」のネームタグをつくって渡しました。その間、「大型スーパーマーケット」の天井を走るミニチュアの機関車を模して用意したプラレールの電車がスーパーマーケットの中を休みなく走り、いろんなスーパーマーケットで流れている「呼び込み君」のＢＧＭも休みなく流れ続けました。

どの子も大いに楽しみましたが、特に、きずなくんは、この活動を通じて、くつろいだ感情や生き生きした状態がつくり出され、自己信頼感を高めるなど十分ウェルビーイングを感じられていました。自発性、関与、集中と持続、探索動機の充足など参加の要件も十分クリアしていました。

ごっこあそびに限らず、ウェルビーングと参加を促す方法は多様にあります。その子により、その時によりアプローチはまったく違うものになります。そこを押さえつつ、どの子にもウェルビーングと参加を保障する保育をめざしていきたいと今も思い続けていますが、その土台にあるのは、あそび・活動に対するワクワク感だと思います。

●コラム1● 段ボールの魔術師

もし、欲しいおもちゃは何でも買ってもらえるなどという潤沢な資金を有する保育園があったら一度は訪問してみたいものですが、運営にかかわるすべての経費を自治体が負担している公立保育園も、公定価格に基づいて国・市町村の委託費で運営している民間保育園も、残念ながら現状を維持するだけでも精一杯。なので、高額なおもちゃを買ってもらうことなど夢のまた夢です。限られた予算の中から何を購入するべきか厳選に厳選を重ねたり、各クラスに少しずつ分配するなどして、何とか安価なおもちゃや絵本を購入する予算をひねり出しているのが実情で、それも叶わず、保育士が自腹を切って購入することも珍しくありません。

そんなわけで、これがあったら子どもたちが喜ぶに違いない、あそびがさらに盛り上がるに違いないと思っても、そう簡単に買ってもらうことはできません。おもちゃの値段も高くなる一方ですから、大型のおもちゃとなると、もはや購入を考えることすらＮＧです。でも、自分でつくることなら……。

私は思い立ったら直ちに行動したいタイプなので、「今、こんなおもちゃがあったら……」と思って、ちょっと考え、「つくれる」と踏んだら、どうつくるかを何となくイメージした程度で、まさに見切り発車でつくりはじめます。

そんな感じで、私はこれまでいろんなものをつくってきました。その際、もっとも重宝した素材が段ボールです。保育園にも多種多様な品物が運ばれてきますが、それらはほぼ段ボールに入っています。なので、集めようとしなくてもすぐに集まるし、言うまでもなく頑丈です。

保育の合間に倉庫に向かい、折りたたまれ、廃棄されるのを待っている段ボール群から適当なものを見繕って取り出したら、カッター、定規、ガムテープを使い、完成形を思い浮かべながら、いきなりつくりはじめます。「ここはこうするのがいいかも」と考えながらつくります。なので、最初にイメージした完成形とは違うものができたりもしますが、それもまた楽しく、保育もいいけどこういうのもワクワクします。楽しいのは作業だけではありません。でき上った作品の写真を仲間に見せて、「どう？」と聞いて「すてきです！」と返してもらうこともそうですが、何より、子どもたちが私の作品に目を輝かせてくれて、嬉々としてあそんでくれるのが至上の喜びです。そんなわけで、私は「段ボールの魔術師」を自称するに至りました。

ままごとあそび用の流し台やガスレンジは、おおかたの保育園にあるでしょうが、洗たく機、電子レンジ、そうじ機など、いわゆる白物家電がそろっているところはそんなに多くないはずです。木製でもプラスチック製

電子レンジ

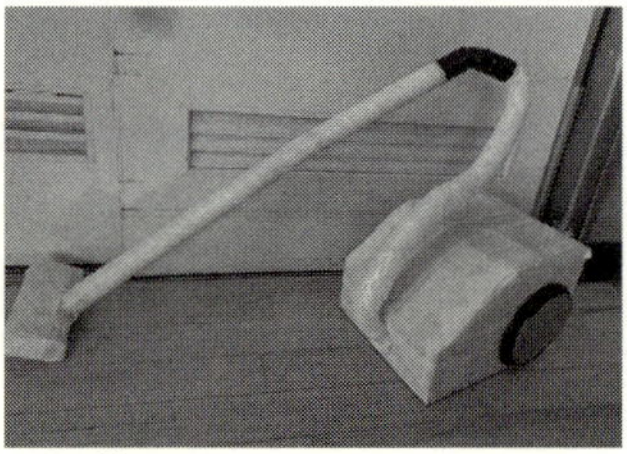
そうじ機

ドラム式洗たく機

でも、市販のそういうものはかなり高額ですから。なので、私はそういうものをつくります。モットーは「スピーディーかつ簡単かつ美しい仕上がり」。

論より証拠なので写真をご覧ください。2歳児クラスでつくった電子レンジ、ドラム式洗たく機とそうじ機ですが、それぞれ製作期間は2時間ほど。1週間のうちにつくりあげました。この他、クリスマスツリーとか劇で使う大道具なども同じ手法でつくります。なので、「段ボールの魔術師を名乗ってもいいかな?」と自分では思うのですが、いかがでしょうか。

劇で使用したトンネル

ノートパソコン

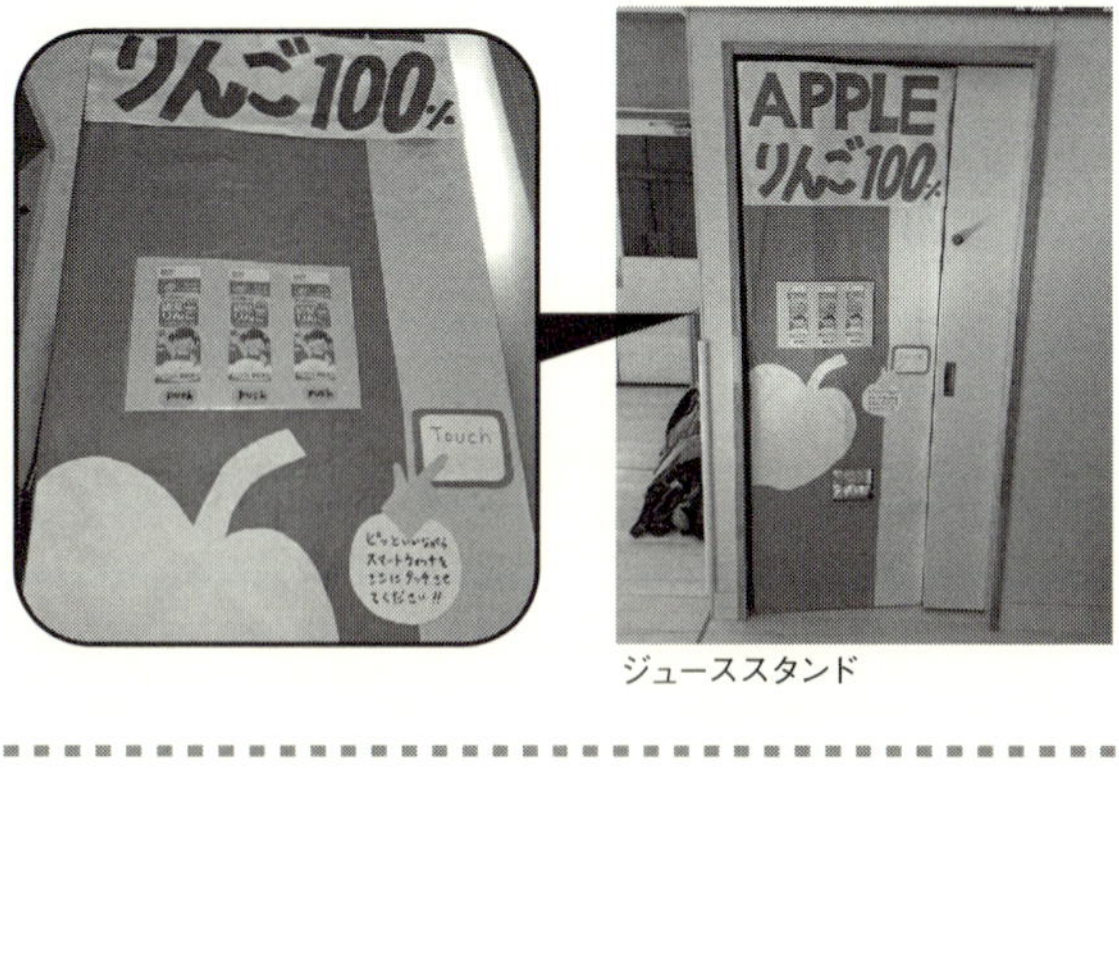

ジューススタンド

4 描画・造形活動で“ワクワク”

●なぜ描き、なぜつくるのか？

唐突ですが、子どもはなぜ描くのでしょうか。なぜつくるのでしょうか。答えは明白です。描くこと、つくることが楽しいからです。それ以上でもなければそれ以下でもありません。同じことが描かない、つくらないことにも当てはまります。なぜ描かないのか、なぜつくらないのか、それは描くことやつくることが楽しくないからです。

そう考えれば、描画や造形活動の指導の基本が見えてきます。すべての子どもに描くことやつくることの楽しさを伝えることです。

その時々の子どもたちの関心に依拠しつつ、また、その時々の季節、日々の保育との連続性を考慮しつつ、多様な素材やさまざまな道具に触れる機会を設けて、その使い方を教えたり、具体的な描き方やつくり方を伝えたいと思います。

くり返しになりますが、私たちが描画や造形活動に取り組むことの意義は、楽しく描く、楽しくつくることにあります。その上で、すべての子どもに「美しいものを美しいと感じる感性」を育てる。私は、常日頃からそこをめざしています。

落款と額装

私が初めて受け持つクラスで最初にする作業、それは一人ひとりの名前の一部を彫った落款を消しゴムでつくることです。全員分をカッターで彫ってつくった後は、その子の作品の隅に押しています。それだけでよりいっそう美しく見えるからです。描いたものがたった1つの点、たった1本の線だったとしても、落款があれば芸術作品に見えるからです。

それから、作品を展示するときには額装を施すことも心掛けています。それもこれも美術教育のイロハを指南してくれた師の教えなのですが、落款を押した作品に額装を施せば、それはもうアートです。額装と言っても本物の額じゃなくても大丈夫。一回り大きい色画用紙に貼り付ければそれでいいのです。そこに作品のタイトルとか作者名などをつけたら完璧です。それらがずらりと並べば、そこはもう美術館ですし、表現がもう一歩でも、どの子も「すてきにかけた！」と思えて楽しくなってくるのです。

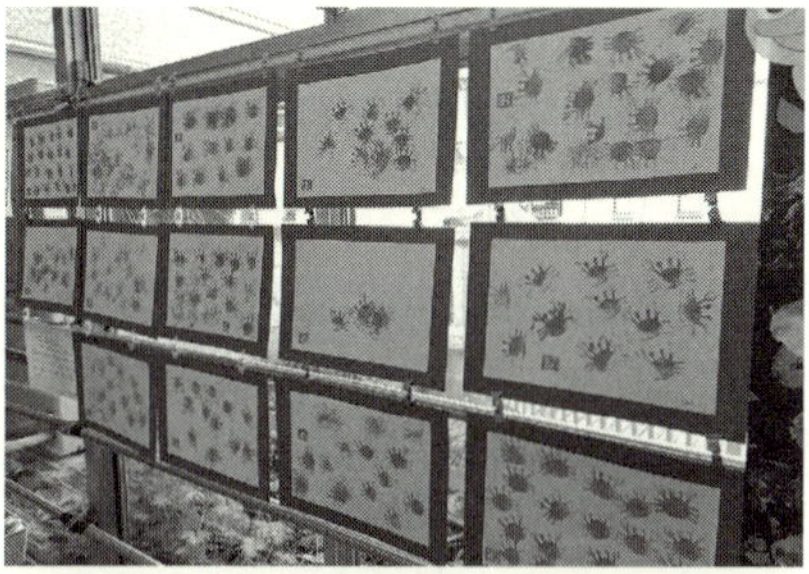

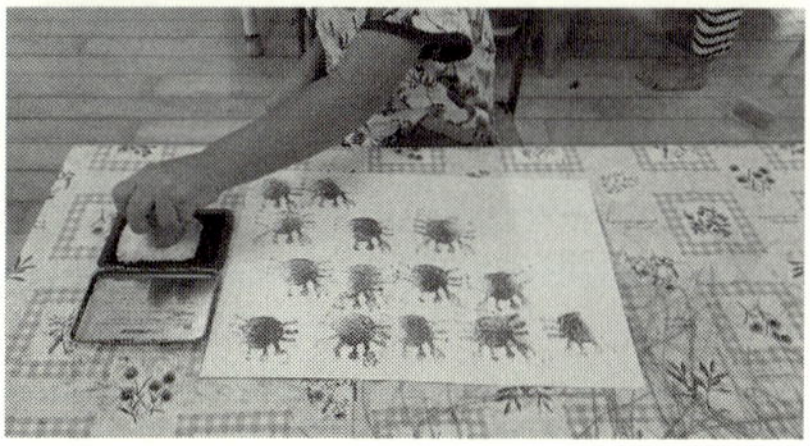

2歳児クラスを担任した時、子どもの作品に私が落款を押している姿を見た子が、「やりたい！」と訴えてきました。それぞれの名前の落款を押してあそぶのも、それはそれでおもしろいと思いましたが、だったらハンコ

であそびつつ、芸術的な作品に仕上げてみるのもいいのではないかと思い、消しゴムで「カニ」のハンコをつくってみました。夏だったからです。

今は、100円ショップでハンコ専用の消しゴムが売られているので、それを使いましたが、ハンコの持ち手となる部分にはペットボトルの蓋を2つ貼り合わせたものをくっつけました。

版画などはまさにそうですが、自分がこう描こうと思って描くものとは違い、版にインクを乗せ、紙にギュッと押し付けるだけで絵が表れる……。この感覚がおもしろいので、ハンコあそびや版画は子どもたちに好まれる造形活動のひとつです。カニのハンコであそんだ時も、子どもたちはどんどん集まってきて、じっくり楽しみましたが、ハンコや版画であそべばあそぶだけ、子どもたちの中にワクワクが広がります。

共同画

次は、4歳児クラスの造形活動の取り組みを紹介します。まずは、クラスだよりから。

クラスだより

巨大なアート作品（2021年7月13日　NO. 63）

子どもたちの描く絵が好きだからそういうアーティストが好きなのか、そういうアーティストが好きだから子どもたちの絵が好きなのか、どっちなのかは自分でもわかりませんが、私は岡本太郎が好きで、美術館や記念館、そして、大阪の「太陽の塔」にも何度か通いました。好きな絵本作家、スズキコージさんも系統的には同じで、作品の多くをコレクションしているし、展覧会にもたびたび訪れています。「ライブペインティング」といって、巨大なキャンバスに目の前で描いている場面も何度か見学しました。たぶん、描いている本人もどんな作品が出来上がるかよくわかっていないのではないかと思うのですが、一発勝負で、どんなものができるかワクワクしながら取り組むというのは、見ているだけでもスリリングで楽しいものです。なので、アーティストはもっと楽しいはずです。子どもたちにもそんな体験をさせたいと、時々思うのですが、昨日の版画で、私の中の芸術スイッチがカチッと入り、もともと今週は製作三昧と決めていたので、今日もまた、水あそびとコラボした巨大なアート作品づくりに取り組んでいただくことにしました。

横2m50㎝くらい、縦1mくらいになるように模造紙をつなげ、ポスターカラーは10色ほど用意して、テラスには水をためたタライを並べました。「絵筆で巨大なキャンバスに自由に描く。ただし、色が混ざらないように注意して描き、違う色にす

るときはテラスのタライで筆を洗って戻ってくる」そんな約束を伝え、あとは自由に描いてもらいました。そうすることにより、色が混ざって汚くなってしまうのを防ぎ、同時に、色水あそびも楽しむという一石二鳥を狙ったわけです。色を塗るのも楽しいし、筆を洗うのも楽しい……というわけで、夢中になって取り組んでくれて、そんな姿や、どんどん出来上がっていく作品を眺めている私も実に楽しいのです。テラスにはまさこ先生が立っていて子どもたちを見守り、部屋では私が「重ならないように塗るんだよ」「ほら、まだ白いところあるよ」「だんだんいい感じになってきたよ」などと声をかけながら、床に落ちた絵の具を雑巾で拭きまくりました。そして、巨大で、実に美しい作品が完成。私はそれを玄関ホールに飾って喜び、子どもたちはそのままテラスに出て水あそびをして喜びました。ぜひ、鑑賞してくださいませ。

若いころ、私に美術教育のイロハを教えてくれた師に、「4歳児は他者の視線を過剰に意識しちゃうようになる子が必ずいて、そういう子は、恥ずかしくて絵が描けなくなったりするけど、それは仕方ないですよね。」と話したことがありました。すると師は、とてもおだやかな口調で、「高橋さん、それは違いますよ。4歳児も描くことが楽しくて、これならできると思って取り組めて、それで自分の作品がすてきだと思えるように進めれば必ず描きます。描けない子なんていないんです。」とおっしゃいました。やさしい言い回しなのに、ハンマーで殴られたような気がしました。それ以降、私は、恥ずかしさを超える楽しさ、おもしろさを味わえる表現活動をめざしてきました。

その数年後、表参道で開催されたレッジョ・エミリアの子どもたちの作品展を観に行きました。いろいろな作品や表現方法に感銘を受けましたが、なかでも、数名の子どもたちが一緒に取り組む「共同画」に目を奪われました。そして思いました。「一人で描いたら恥ずかしいと思う子も、みんなで描いたらそういう気持ちにならずに済むし、何より、一緒に描くことで、いいなあと思う友だちの表現を模倣できて、それによって技術も向上する」と……。

以降、私は、（友だちと一緒に表現する楽しさを味わってもらうために）「共同画」という手法を多用するようになりました。

描画に限らず、模倣は発達の原動力です。なんだって、誰だって、最初からオリジナリティーなんて持ち得ません。始まりはすべて模倣です。たまに「真似して描いちゃダメでしょ」なんてことをいう保育者をみかけますが、まちがっていると思います。描けないで困っている子がいたら、私は、みんなの絵を見て回るように伝え、模倣を促します。それでイメージできれば描けるからです。子どもの作品を壁などに展示する意味も、保育室が明るくなるだけでなく、いろんな絵を見て、「自分もあんな風に描けるようになりたい、描いてみたい」と子どもたちが思うこと、模倣を奨励することにあるのです。

●自画像

今度は、5歳児クラス。先ほどクラスだよりで紹介した子どもたちが就学前に取り組んだ造形活動の様子を、やはりクラスだよりで紹介します。

クラスだより

自画像（2022年2月21日）

若い頃、美術教育のイロハを教えてくれた恩師に、年長の最終盤は自画像が描けるようになるので、描かせたほうがいいことと、その手法を学びました。以来、年長クラスを持つたびに実践しているので、今、目の前にいる「あかり」（注・この時実習に来ていたかつての教え子）も描きました。その子が、うちの子たちに描かせている私をサポートし、後片付けなんかも手伝ってくれるのだから、うれしさがこみ上げてきますが、何でこの時期に自画像なのか？　そんなことも説明しながら、今日の取り組みを振り返ることにします。

朝の会、「まーくんがギャーギャー泣いた時、先生は何て言う？」と聞くと、即座にさくちゃんが「シクシク泣けっていう」と答える。「そう。年長はシクシク泣くものだから。でも、どうして年長はシクシク泣くんだろう？」と改めて質問すると、今度はちかちゃんが、「はずかしいから」と回答。その通り。5歳児期は自分を客観的に捉えられるようになり、他者の視線もしっかり感じられるようになるから、泣きたくなっても歯を食いしばり、声を抑えて泣くようになる。だからシクシク（もちろん個人差はあります）。客観的に自分を捉えられるようになるのだから、鏡に映る自分の姿もありのままに見える。だから、自画像を描くことも可能になるというわけです。でも、大きく描くというのは結構難しい。なので、まず、画用紙の中央に鉛筆で薄く丸を書いて、「この中に鼻を描くんだよ」と教えて、鏡をよく見るように話しました。

鏡の数が足りないので、スマホのカメラ機能を使って補いましたが、とにかくスタート。「鼻」って、大人でも描くのは難しいし、これまで鼻を正確に描こうなんて思って描いた子は一人もいないので、たくさん描いてかなり上手になった子たちも悪戦苦闘します。三角形を描いてその上に丸を2つ、そんな感じで描く子には、「ちゃんと鏡を見るんだよ」とアドバイスしましたが、ともあれ、鼻が大きく描ければ他の部位も大きく描けるのです。そんなわけで、鼻が描けたら、口の位置に丸を、それが済んだら目と眉毛の位置に丸を描き、輪郭、耳、髪の毛と描いたら出来上がり。模写の達人＝さくちゃんは、やっぱり次元が違いますが、他の子たちもみんな上手。この後、油性マーカーでなぞって、固形絵の具で彩色したら完成ですが、なかなかうまくいかず、助けを求めることもできず、途中、みゆちゃんがシクシク泣いちゃいましたが、この泣き方が年長。「あかり」の実習が今日で終わりで、もう来ないので、私もちょっと泣きたい気分です。

この数日後、全員の自画像が完成しました。私は、年長の最後、2月から3月にかけて、必ず「自画像を描いてみない？」と子どもたちに提案します。年長のこの時期、もちろん個人差はありますが、自分と

客観的に向き合えるようになっているからです。自分には他の子と違う特徴があることを認識できるようになっているからです。だから、鏡の中の自分と向き合わせる。自分と向き合うことで、「もうすぐ1年生だけど、自分もなかなかのもんだ。だから、小学校に行っても大丈夫」という気持ちになってもらいたい思いもあります。もちろん、そういうのは描くことだけではありませんが……。

最後に描いた自画像は、卒園式の会場の自分の席の後ろに飾っています。

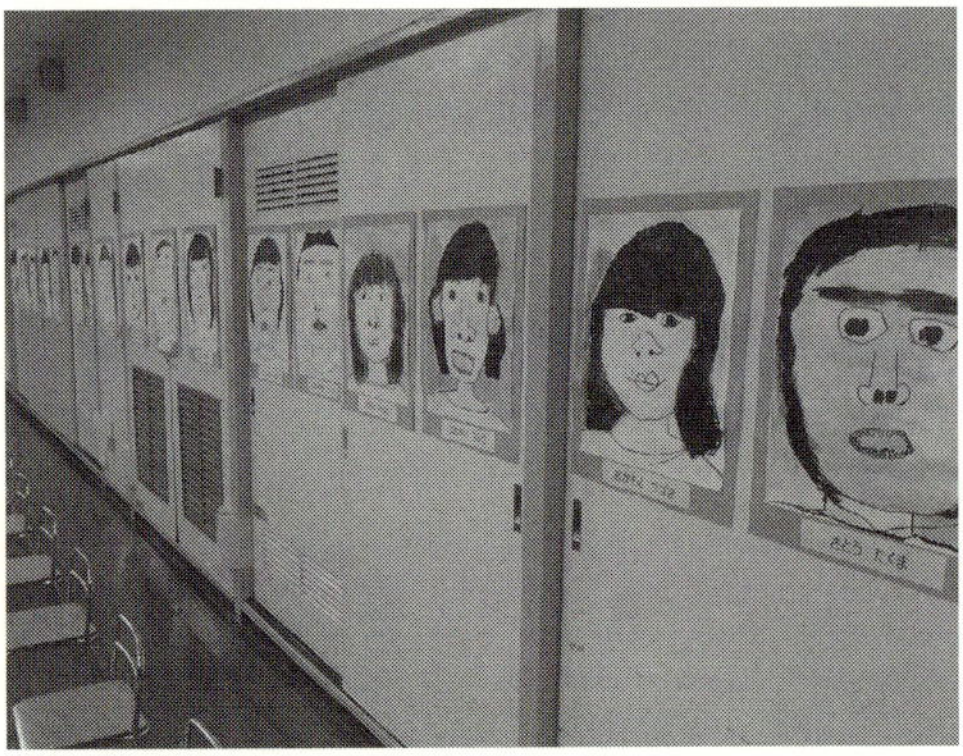

5 運動会で“ワクワク”

●大会

3歳児クラスを担任していたある年の10月のとある朝のことです。いつものようにテレビをつけると、台風情報が流れる中、「土曜日の運動会が中止になったら困る……」と画面に向かってどこかの幼稚園の園長先生が話し、直後、子どもたちの練習風景が映し出されました。

最初は鼓笛隊の練習。指揮者の男児が両腕をまっすぐに上に伸ばし横に伸ばすという動きをリズミカルに繰り返し、それに合わせて、背筋をピンと張った子どもたちが一糸乱れず小太鼓や金管楽器を演奏していました。続いて、画は運動会の練習風景に替わり、全速力で次々と跳び箱に向かって走る子どもたちと傍らで見守る体育教師風の男性の姿が映りました。最初の子はとび箱越しの飛び込み前転。次の子は開脚跳び。私の目にはどちらもよく訓練された兵士のように映り、「こんなの違う！」とテレビに向かって声を荒らげました。ニュースはすでに切り替わっていましたが、私の気持ちは切り替えられず、近いうちに「対抗してやる！」と心に決めました。そして、対抗するにふさわしいアイデアが浮かんだので、すぐに実践に移すことにしました。私の対抗意識で保育を展開していいのか、子どもの思いを無視していいのかとお叱りを受けそうですが、私の中には、これをしたら、ほとんどの子が楽しんでくれるに違いないという思いもあったからです。イライラがワクワクに変換されたのです。

「よし、大会をやろう！」

保育園に着くと、紙類を保管している倉庫から紙ストローを10本、円形の厚紙を10枚手に取りました。その後、すぐに厚紙に太めの油性マーカーで1から10までの数字を書き入れました。子どもたちが「なにつくってんの?」と寄ってきて、「教えてあげないよーだ！」と笑いながら答え、次の準備に取り掛かりました。今度は、A４サイズの画用紙を半分に切り、1から19までの数字を書きました。

紙ストローと厚紙でつくったものは、得点を表示する「札」で、画用紙は「ゼッケン」です。整ったところで、子どもたちに向かって「今日は大会をしましょう。それでみんなは選手です。」と告げました。

ほとんどの子は、大会とは何か、選手とは何か、そんなことはさっぱりわからないので、「何の大会?」とか「何の選手?」などと聞くこともなく、目を輝かせました。「大会」「選手」という2つの言葉が心をとらえたようです。なんだかわからないのに、すごいことができそうだと感じている気持ちが伝わってきて、3歳児はこういうところがおもしろいんだよなと思い、笑いそうになりましたが、ぐっとこらえて真剣な表情を貫きました。

その表情のまま、「選手はゼッケンをつけなければなりません。それぞれ好きな番号を選んでください。」と告げて選んでもらいましたが、数字を読めない子がほとんどなので適当に選んでいきます。常に一番になりたいさくちゃんは、いつも私に「一番のどこが偉い? これっぽっちも偉くない!」と言われている数少ない数字が読める子なので、1番のゼッケンが欲しかったとは思うのですが、自重して2番を選びました。1番を選んだのはそうちゃんでした。ゼッケンを手にした子は私のところに来て、裏側に丸めたガムテープを貼ってもらって胸につけました。ほぼ全員が喜んだものの「7」を選んだまーくんは、なぜか胸に貼るのを渋りました。なんでと聞いてもさっぱりわからないので、あきらめて「じゃ、まーくんは補欠ね」と告げました。もちろん、補欠が何なのかも誰も知りませんが。これでもかと知らない言葉を並べ続けられているにもかかわらず、まーくん以外はやる気満々で、そんな姿に手ごたえを感じながら、会場の準備に取りかかりました。

マットを2枚、一本橋(ビーム)とそれを固定する巧技台、鉄棒、トランポリンを部屋に運び入れました。これらが「大会」で使用される器具です。

鉄棒では「足抜き回り」をする、トランポリンではマットの上に飛び降りて両手を真横に伸ばして足をそろえて静止する、一本橋は両手を真横に伸ばして端まで進んでジャンプしてトランポリンと同じようにマットの上に着地して、同じように静止する、この3つをおこなうのが「大会」で、そこに出場するのが「選手」です。

1台だけ残し、テーブルは重ねて部屋の隅に移動させて広いスペースを確保し、残したテーブルには得点の札を1点から順に並べました。ここに審査員が座るのですが、審査員は私です。部屋の隅にはイスを一列に並べました。ここは「選手」が座る場所です。

準備が完了したら、選手たちに廊下に並ぶよう促して、1列に並んだら私が先頭に立ち、「いよいよ大会が始まります。選手の入場です。」と宣言して、ピッピッ……とホイッスルを鳴らしながら先導し、そのまま座ってもらいました。

まずは、どのような競技がおこなわれるのかを、私が手本となって説明しました。でも、鉄棒は私には低すぎるので、ここだけは足抜き回りが得意なあかりちゃんにお願いしました。そして、一般の大会でもそうであるように、最初は練習時間とし、自主的に練習していただきました。

5分ほどして、再びホイッスルを鳴らし、「練習時間終了です。これから大会をはじめます。まずは、種目別で、最初は鉄棒です」とアナウンス。そして、「ゼッケン1番、そうすけくん、どうぞ！」と呼びだしましたが、そうすけくんは出てこられず、2番のさくちゃんから演技をはじめました。以降、そうすけくんは常に最後に出ることになります。審査員の私は、ひとりの演技が終わったら、目の前の「札」をあげて得点を表示しました。自力で回り、着地が決まったら10点。手伝ってもらったり、手を放してしまったら減点されます。満点は3人。この3人は演技終了後、みんなの前で表彰され、飛び上がって喜びました。

こんな感じで、トランポリン、一本橋と進め、最後は、3つともおこなう「総合」で競い合いました。着地の時にちょっとふらついてしまったり、一歩前に出てしまったり、両手が横にピンと伸びていなかったりするたびに「残念です」「惜しい」などとアナウンスして、相応の点数を表示するのが実に楽しかったのですが、正確を期して得点を付けているのに、まーくんは自分の点が低いと怒り、マットの上でしばらく駄々こねたので、「やっぱり補欠のままにしておけばよかった……」と思いました。ゼッケンをつけることを拒否していたまーくん、大会直前になってまさこ先生の粘り強い説得が功を奏し、機嫌を直してぎりぎりで出場を決めていたのです。

一本橋を真面目な顔をして渡っていたせいごくん、両手が下がっているのが目立ったので、「もっと両手をあげる！」とアドバイスすると、だんだんあがってきたが、あがりすぎて頭の上までいってしまったのには大いに笑いましたが、そんなことの連続で、笑いすぎて涙が流れました。そんな私はよそに、「選手」たちは最後まで真剣にがんばり続け、「大会」は成功裡に幕を閉じました。

「総合」を合わせれば、全部で4つの競技。18人の子どもが順番で一人ずつ出場し、残る17人は椅子に座って待機し続けました。圧倒的に待ち時間が長いわけですが、途中で抜ける子、立ち歩く子はひとりもなく、全員が最後まで参加しました。相当楽しいと待てるし、相当おもしろいと待てるのです。相当がつかないとこうはいきません。では、なぜ「相当」がついたのか、それはきっと、「選手」「大会」という言葉の響きと、「札」「ゼッケン」というこれまで見たことも身につけたこともないグッズの力だったのではないかと思います。

ともあれ、不快を覚えた幼稚園の運動会の練習風景から、このようなおもしろい保育につながりました。自分の意思がほぼ介在しない中で、がんばらさせられて、がんばらさせられて、練習させられて、練習させられてできるようになるより、自分の意思がほとんど介在しない中で、言葉の響きや見慣れないグッズの魅力に惹かれ、がんばっていないのにがんばっている気になり、練習なんてしていないのにしている気になり、そんな時間を楽しんで達成感まで味わう……。なんだかよくわからないものであるのは間違いありませんが、そっちのほうがいいに決まっていると私は思うし、運動会もそういう感じでつくりあげていくのがいいと思っています。

●おもしろいリレー

ある年の、5歳児クラスの運動会前の話です。保育園や幼稚園でもそういうところがあるのかもしれませんが、小学校、中学校、高校の運動会の花形競技は、間違いなくリレーです。私の保育園でも5歳児クラスともなれば、運動会ではやはりリレーをします。でも、私はリレーに対する熱量が極めて低いので、「がんばって練習する」とか「相手のチームに勝つにはどうすればいいか作戦会議を重ねる」とか、そんな感じで気合を入れて取り組もうという意識がまったくないというか、逆に、そういうのには違和感を覚えます。だから、子どもたちもメラメラと燃えるというよりも、勝ったり負けたりを楽しむという感じになります。

同じクラスの20人そこらの子どもを2チームに分けて勝負するわけで、国を背負うわけでも地域を背負うわけでもなく、日頃、仲よく、楽しく生活している者同士で競い合うのです。だから、本気で走りはするけれど、勝った負けたで一喜一憂するような、そんなリレーにはしたくないと思うのです。走ること、走りながら競い合うこと、バトンを繋いでいくこと、そんなことを楽しむリレーをつくりたいと思うのです。ともかく、私はそんなことを念頭に、リレーに取り組みます。

あと1カ月ほどで運動会を迎えるとなったある天気の良い日。荒馬踊りとか、クラス競技などの練習にはぼちぼち取り組んでいたものの、「そういえば、年長クラスになって、まだ、一度もリレーをしていなかったなあ……」と思い出したので、子どもたちに提案してみようと思い、朝、「今日はリレーやろうな。おもしろいリレーだぞ！」と話しました。なにがおもしろいリレーなのか、この時点で子どもたちにわかる術はありませんが、ほとんどの子が「やったあ～」と喜んでくれました。そして、10時過ぎ、園庭の中央にラインカーでトラックを引き、それが終わってからみんなを集めました。

まず、リレーのチームをどうやって決めるかと提案してみると、「たかはしせんせーのまえにいちれつにならんで、それでたかはしせんせーがあっち、こっちってわける！」という2チームに分かれて対抗戦をするときに私がよくやる手でいいというので、そうすると決め、それで振り分けたら、それぞれのチームで走る順番を決めてもらいました。

順番が決まり、2列に並んで入場し、先頭の2人がスタートラインに立とうとしたその時、私は突然砂場の方向に走り、古タイヤを2本抱えて戻ってきました。そして、「じゃ、これがバトンね」と告げて、2人に渡しました。「えーーーっ」と不満を漏らす子もいましたが、大半の子はニヤリと笑いました。こんなことは私がやりそうなことだからです。そして、スタート。先頭の2人が向こう正面に差しかかった時、相手の子に若干差をつけられて焦ったRくん、焦りは瞬く間に怒りに転じ、直後、タイヤを投げ捨てて怒りをあらわにしました。私は、「はーい、ちょっと中断！」とみんなに声をかけてから、Rくんに向かって「あのなあ、おもしろいリレーって言っただろ。なのに、なんでいきなり怒るかなあ……。怒ったらおもしろくならないだろ！」と言い聞かせたもののまだふくれているし、そもそも私がタイヤなんかを持たせなければ怒らずに済んだわけだから、「ごめん、ごめん。普通のリレーに戻すから怒らないでやろう！」となだめて仕切り直ししました。普通のバトンを渡して普通にリレーをすると、Rくんも怒らずに参加して普通に終わりました。しかし、今日はおもしろいリレーをすると決めたのです。これでは私が納得できません。なので、改めておもしろいリレーに戻すことにし、次はバトンの代わりに〝フープ〟、その次は再びの〝古タイヤ〟、そのまた次は〝缶ポックリ〟をバトンにして競争してもらいました。

描画の才能はピカイチですが、運動の才能はあまりないIくんが何度も落っこちて、大差で勝っていたそちらのチームが逆転されましたが、必死にがんばるIくんの姿がかわいくて、「なにをやっとる……」と私が笑うとみんなも笑い、そして、最後までがんばって次のランナーに〝缶ポックリ〟を託したときには「よくがんばった！」とみんなでたたえました。私は「よし、おもしろいリレーになってきた。」と心の中でつぶやきました。そして、最後は〝じょうろ〟で締めくくることにしました。じょうろに水をなみなみ注いで、「こぼれた水が少ないほうが勝ち」と話してスタートしましたが、じょうろの中をのぞきながら慎重に歩く姿がまたまた笑いを誘います。終了後、私がじょうろの中を調べて、「はい、白組の勝ち、おめでとう！」と言ってから、その水を子どもたちに引っ掛けてあそんで終わりにしました。

そんなわけで、なんとか、おもしろいリレーを貫くことができたものの、途中で怒る子がいたり、泣く子がいたり、心底楽しめたとは言えず、私がめざすおもしろいリレーの姿には程遠かったので、リベンジを誓いました。

3日後、前回の反省を踏まえ、改めておもしろいリレーに取り組む決意を固めました。前回はバトンでおもしろがることをめざしたので、今回は、走り方でおもしろがることにしました。朝の会で、どんなリレーにしたらおもしろくなるか意見を求め、「おしりをついたまますょうそうする」「ごろごろ転がる」などの意見を採用し、おしりをついたり、転がったりするので、今回は園庭ではなくホールでおこなうことにしました。

第1レースは体育すわりで前進するリレーで、動くときに手を使ってずるいと言ったり、いやいや使ってもいいなどとちょっともめたものの、かなり白熱してみんなが喜び、次のゴロゴロリレーは、全然違う方向に転がっていく子が続出し、これがまたおもしろくてみんなで大笑いしました。そんなこんなで、何とかリベンジを果たすことができました。

私は、４、5歳を担任することが多いので、この年以外にもリレーをする機会はたくさんありますが、取り組み方は大体同じです。おもしろいリレーで多用するのは「かつら」です。金髪と黒髪、2種類のかつらを用意して、これをバトン代わりにするのですが、かつらをかぶって疾走する子どもたちの姿がおもしろくて、毎回爆笑してしまいます。

そんなふうに取り組む中で、特に印象に残っているのがひろくんです。人一倍負けず嫌いのひろくんは、運動神経抜群で、走力もずば抜けていました。だから、リレーで自分が負けることなど想像もできず、常に勝ちたい、勝ち誇りたいと思っていました。

そんなひろくんを含む5歳児クラスで、かつらリレーをはじめとするおもしろいリレーをさんざん楽しんで、運動会当日を迎えました。入場前、2チームに分かれて整列してから、私はひろくんに近づいて「わかってるよな……」と声をかけました。ひろくんは小さくうなずきました。そして、スタート。途中までは大接戦でしたが、はるくんが転んでしまって勝負は決しました。ひろくんのチームの圧勝です。アンカーだったひろくんは、ゴールテープを切ってからややうつむき、無言を貫きました。うれしさを自分の心の中だけでかみしめていたのです。その表情は今までにないほど大人びて見えてすてきでした。そして、はるくんが転んだことを責める子はもちろん、話題にあげる子がひとりもいなかったところもすてきでした。

ロジェ・カイヨワが『遊びと人間』の中で、「遊び」を４つに分類し、後世の遊び研究に多大な影響を与えたことは前述しましたが、もう少し詳しく紹介します。４つの分類は「アゴン（競争）：サッカーやビー玉やチェスをして遊ぶ」「アレア（偶然）：ルーレットや富くじに賭けて遊ぶ」「ミミクリ（模擬）：海賊ごっこや、ネロやハムレットを演じて遊ぶ」「イリンクス（めまい）：急速な回転や落下で混乱と惑乱を生じさせて遊ぶ」です。そして、カイヨワは、ミミクリとイリンクスによって支配された社会は原始的社会であり、アゴンとアレアによって支配された社会は秩序のある社会であると述べました。

ホイジンガは、これまた遊び論の名著『ホモ・ルーデンス』の中で、遊びの本質はおもしろさだと言い、遊びは自発的な行為もしくは活動であるとも、遊びの目的は行為そのものの中にあるとも言いました。

リレーは、間違いなくアゴンに分類されるあそびです。「競争あそび」と呼ぶのだから、あそびなのです。一人じゃ無理で、ある程度の人数がそろわないと成り立たないし、ルールを守る必要もあるから、秩序ある社会の中のあそびですが、あそびであることには変わりありません。

リレーは、競争を楽しむあそびなのだから、そこにはおもしろさがなければならず、自発的な活動でなければならず、競争してあそぶこと自体が目的にならなければならないのです。

保育園における運動会、その中でおこなわれるすべての競技・演技も基本的にはリレーと同じ位置づけです。楽しさ、おもしろさこそが追及されなければならないのです。だからこそ、私は、「おもしろいリレー」が正解だと思うのです。

●高橋流・ワクワクする運動会のつくり方

私は、大勢の人から注目されるのがうれしいタイプなので、ついつい前に出てしまいがちなのですが、注目されつつ、注目してくださった方々が大笑いしてくれれば、喜びもひとしおです。

保育園で大勢の人に注目してもらえる場といえば、運動会をおいてほかにはありません。だから、私はついつい乗りすぎてしまいます。

私の運動会のクラス競技のつくり方は、目の前の子どもたちが楽しんでいること、興味を持っていることの中から主題を見つけ、それをどの子もできる運動とつなぎ合わせて、子どもたちが楽しく参加し、観ている人たちを笑いの渦に巻き込むというものです。

3歳児クラスを担任していたある年は、子どもたちをトイレに連れて行くのが大変でした。それは、便器の数が少ないため、子どもたちの待ち時間がどうしても長くなってしまうからでした。ある日、トイレで用足しの順番を待っていたら、ひとりの子が私のTシャツの中に頭を突っ込んで喜ぶので、「よーし！」と思ってTシャツの裾を両手でぎゅっと握り、そのままその子の体を持ち上げて、左右に揺らしてあげました。それにより、顔の輪郭がTシャツに浮き出て、それがなんともおもしろく、その時に来ていたTシャツが赤い色で、なんとなくスパイダーマンのようにみえたので、この行為を「スパイダーマン」と命名するとともに、♪スパイダーマン～スパイダーマン～♪ とテーマ曲を口ずさみながら「やって、やって！」とせがむ子どもたちを順番に揺らしながらトイレの待ち時間を過ごすのが定番になりました。

なので、運動会のテーマは「スパイダーマン」と決めました。相棒のようこ先生が金髪のかつらをかぶり、タイトなワンピース、ハイヒール姿で登場します。役柄はハリウッド女優です。そこへ、黒いサングラス、黒いネクタイの男2人が現れて女優を誘拐していきます。この男たちは私に選ばれたちょっと強面のお父さんたちです。

女優は、男たちに連れ去られながら「助けて～、スパイダーマン！」と叫び、柱にくくりつけられます。スパイダーマンのお面をかぶった子どもが続々と登場し、ちょっとした斜面のぼりや1本橋渡りなどをして、最後はビルからビルへと飛び移っていきます。飛び移る際も何人かのお父さんに「黒子」になってもらって、本当に飛んでいるように見せてもらいます。そして、最後に通販で購入したスパイダーマンの衣装に身を固めた私が登場し、子どもたちがやったことと同じことをして、女優のもとにたどり着きます。「みんなで力を合わせて助けよう！」と声をかけ、全員に水が入ったマヨネーズの容器を配り、女優めがけてひっかけます。これは、スパイダーマンの手首から出る「糸」のつもりですが、それにより、女優を縛っていたトイレットペーパーが破けて、無事に救出して一件落着となるというストーリーです。

保育者と一部の保護者も「演者」として登場し、楽しむことで、子どもたちも観客もより楽しくなり、笑いの渦が園庭いっぱいに広がっていく……。そんな景色が私にはたまらないのです。

この他、サーカスのピエロをテーマにしたクラス競技の時には、パートナーの保育者を大きなダンボール箱の中に隠し続け、最後の最後に完璧にピエロになりきった姿で箱から飛び出させるとか、パートナーの保育者がダンススクールの先生になり、子どもたちは往年の名作映画『フラッシュダンス』(これも昭和)の曲に合わせて修行を積み、最後は、ブロードウェイミュージカルに全員で出演し、金色のシルクハットを片手に「コーラスライン」を踊るとか、やはり遠足で「バタフライガーデン」というたくさんの蝶が飛び回っている温室に行ったことをクラス競技につなげて、子どもたちは蝶になって飛び回り、その蝶たちが一斉に天に向かって♪モスラーやモスラ♪と祈りを捧げると、ダンボールでつくった巨大な羽を背負い

「モスラ」に扮したパートナーの保育者が登場し、蝶たちを引き連れて去っていく……など、いろんなことをしてきました。

目の前の子どもたちの興味関心に依拠する、楽しくておもしろい構成を考える、保育者が主役になることをいとわない、子どもはもちろん観に来てくれた人たちを笑いの渦に巻き込むなど、基本はどれも同じです。

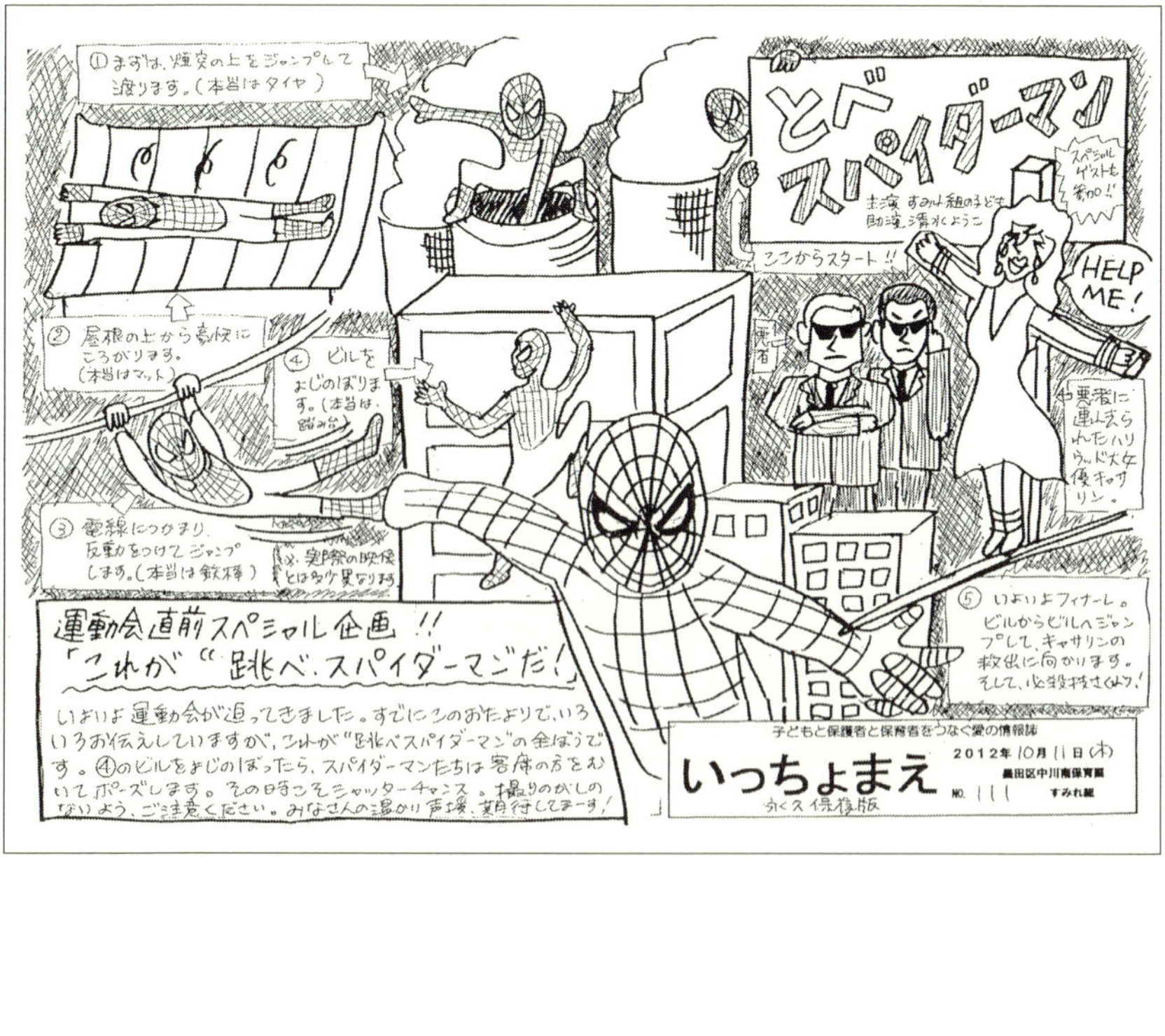

6 劇で“ワクワク”

●髙橋流・ワクワクする劇のつくり方

運動会と並ぶ、保育園のビッグイベントといえば、劇の発表会です。最近は、運動会をしないところも増えているようですし、親子で体を動かして楽しむイベントに変更したところがあるとも聞きますが、劇についても、まったく取り組まないところもあるようです。私が働いている墨田区の公立保育園はずっと取り組んでいるので、40年以上クラス担任をしている私は、幼児クラスの劇をたくさんつくってきました。

保育園における「劇」は、子どもの「表現」への興味に依拠しながら、子どもたちが演じることを楽しみ、それを鑑賞して保護者が楽しみ、その姿とそのための演出を保護者が楽しむ取り組みだと考えています。5歳児クラスの劇は、それに加えて、舞台上で平和への思いや友愛の心、喜怒哀楽などの感情を表現し、伝達することをめざすべきだと思っています。

劇をつくるにあたり、まずは候補にあげた何冊かの絵本を読み聞かせ、一番反応がよかったものを選ぶようにしています。そこが決まったら、しばらくの間、物語をいくつかのパートに分けて、グループごとにその場で配役を決め、同じ場面を練習し、それをみせあうことを繰り返します。その中で、「このセリフがよかったね」「こういう動き方がおもしろかったね」などと確認しつつ、「この役はこの子がいいね」

という共通認識をつくっていきます。そして、それぞれのやりたい役、みんながやってほしいと思う役がほぼ明らかになったところで配役を決めます。

3歳児クラスの多くの子どもは、かつて神田英雄氏（元桜花学園大学教授）が「イッチョマエの3歳児」と形容したように、大したことができなくても、自分はすばらしいと思い込めるので、劇でも大したことはさせないことを心がけます。うまくできなかった場合、イッチョマエのプライドが許さないからです。複数で登場して、同じことをくりかえすことも心がけます。それにより、自信を持ち続けることができるし、楽しめるようにもなるからです。並行して同じテーマであそぶこともおこないます。その楽しさが劇への意欲につながるからです。

子どもは大したことはしないのに素敵にみせるには、台本と音楽と演出が鍵になります。なので、私はそこだけはとことんこだわります。

4歳児クラスの子どもは、「揺れ動く4歳児」と形容されます。「心の理論」が成立し、他者の思いを類推できるようになることで、それまでの根拠のない自信が崩れ去り、他者の目を気にして、不安が増して揺れ動くようになるからです（もちろん、個人差はあります）。

複数で登場して、セリフも簡単にするところは3歳児クラスと同じですが、一緒に出ても違うセリフをしゃべるとか、役ごとで異なる歌と踊りを取り入れるとか、3歳児クラスから1歩前に進めます。そして、脚本や演出で、恥ずかしさを超えるおもしろさをつくり出すようにします。ここが成否を占う最大のポイントになります。

そして、5歳児クラス。5歳児は「誇り高き5歳児」と形容されます。「自画像」のところで示したように、5歳児になると、できる自分やわかる自分を客観的にとらえられるようになり、本物の自信を獲得します。

そんな5歳児だからこそ、演じることを楽しむのに加え、演じながらその人物の心情に触れたり、その背景を考えられるようになります。さらに、「お母さんたちを感動させよう」「観客に感動の涙を流させよう」などの言葉が響いて、みんなでその目的に向かって進められるようにもなります。観客を意識して演じる緊張感を楽しみつつ、仲間とともに達成感を味わえるようになるのです。5歳児の劇は、楽しむだけにとどまらず、物語を表現し、伝達することで達成感を味わうものだと考えます。

なので、物語の理解を深め、観客を感動させられる劇に仕立てたいと思います。だから私は、5歳児の劇の題材には、読者に伝えたい思想が込められた民話や創作民話を選びます。

その他、劇をつくる際に気を付けていることをいくつか列挙します。

主役の扱いについて。主役は主役というだけで「特別」なので、複数の子が演じるようにして、出番は短めにします。主役ではないけれど一人で登場して独唱するような役も複数の子が演じるようにします。そして、脇役は出番を多くしたり、踊る場面をつくるなどしてたくさん出られるようにします。そうやってバランスを取るのです。

京都華頂大学の西川由紀子さんに「髙橋さんの劇は、何でナレーターを置かないの？」と聞かれたことがあります。私は、「そもそも、劇は演じることを楽しむもので、ナレーターは演じないから置かないようにしているんだ。だから、ナレーションがなくてもストーリーがわかるように演出することを心掛けているけど、どうしても必要な時は、脇役をした子が出てきてナレーションをしてもらうようにしているんだよ。」と返しました。西川さんは「なるほど!」と納得してくれました。

それから、原作を読んでも細かい設定がわからない脇役にも「まじめなタイプ」「ちょっと抜けているタイプ」など、一人ひとりのキャラクターを立たせることも心がけています。これは、作家の井上ひさし氏が「11匹のねこ」の戯曲で、11匹それぞれにキャラクターを与えたことに影響を受けたからです。

故井上ひさし氏が創立した劇団「こまつ座」の芝居に心を打たれた私は、自分が劇をつくる時も、劇中にうたや踊りを入れ、笑ってしまうような場面、感動を与える場面などをバランスよく散りばめることを考えます。また、舞台を暗くして照明器具を使い、舞台の正面にスクリーンを置き、プロジェクターを使って背景画やタイトルやエンドマークを映しています。これをすることで劇のクオリティーが格段にあがるからです。

劇には音楽が重要で、オリジナルの曲をつくるというのは理想ですが、私には、ピアノが上手で作曲もできる仲間がいてくれたので、私が作詞した歌に「こんな感じで曲をつけて」と頼むと、それにしっかり応えてもらえました。なので、新しい劇をつくるときは、必ずその人に依頼し、作曲してもらいました。そういう点でも私はラッキーでしたが、そういう仲間がいない場合は、あまり知られていない曲に替え歌をのせる手法を取り入れればなんとかなります。

〈劇のクラスだよりコレクション〉

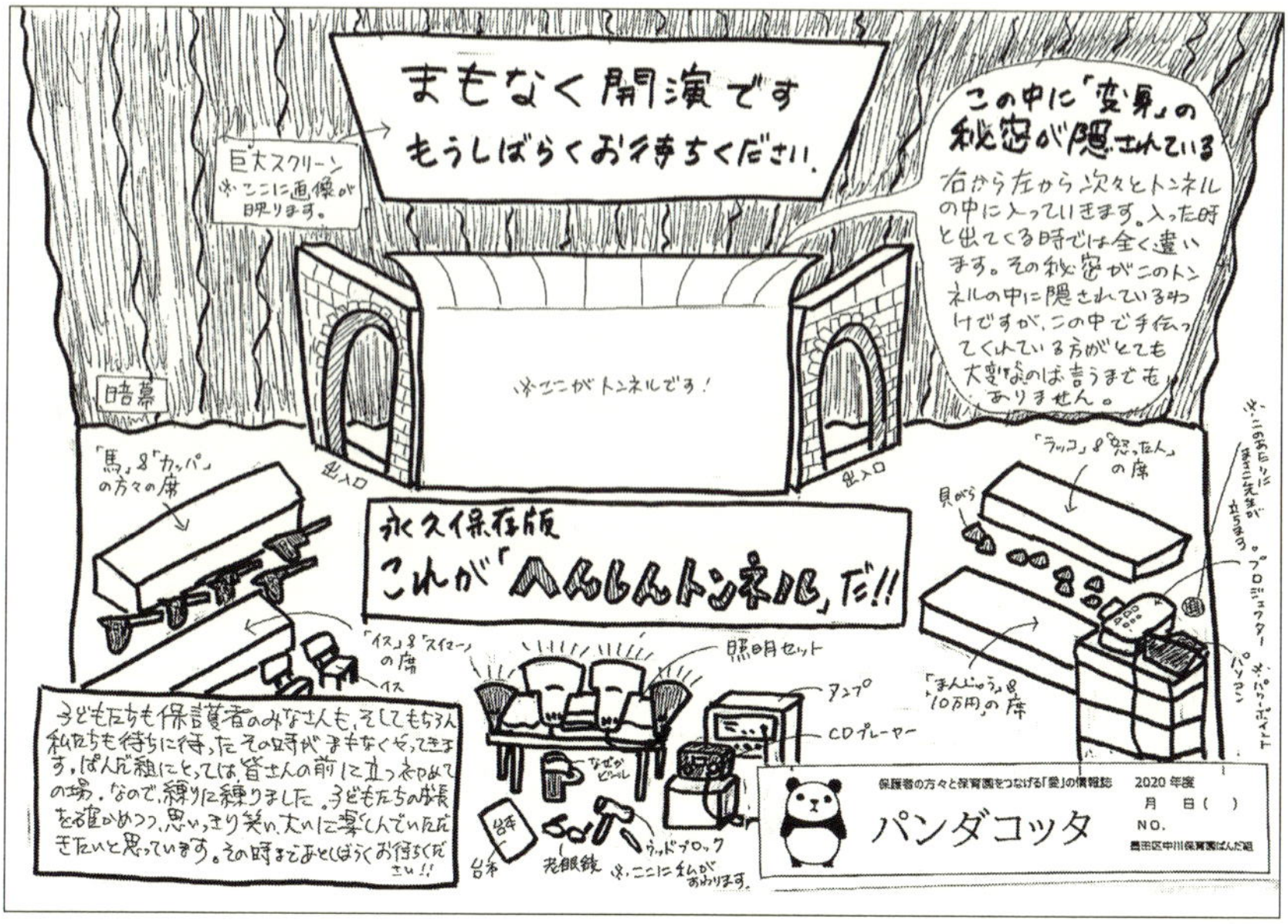
まもなく開演です
もうしばらくお待ちください。
巨大スクリーン
※ここに画像が映ります。
この中に「変身」の秘密が隠されている
右から左から次々とトンネルの中に入っていきます。入った時と出てくる時では全く違います。その秘密がこのトンネルの中に隠されているわけですが、この中で手伝ってくれている方がとても大変なのは言うまでもありません。
暗幕
※ここがトンネルです!
出入口
出入口
「馬」&「カッパ」の方々の席
「ラッコ」&「怒った人」の席
永久保存版
これが「へんしんトンネル」だ!!
「イス」&「スイマー」の席
イス
照明セット
アンプ
CDプレーヤー
「まんじゅう」&「10万円」の席
プロジェクター
パソコン
子どもたちも保護者のみなさんも、そしてもちろん私たちも待ちに待ったその時がまもなくやってきます。ぱんだ組にとっては皆さんの前に立つ初めての場。なので、練りに練りました。子どもたちの成長を確かめつつ、思いっきり笑い、大いに楽しんでいただきたいと思っています。その時までもうしばらくお待ちください!!
台本
老眼鏡
ウッドブロック
※ここに私がおります。
保護者の方々と保育園をつなげる「愛」の情報誌　2020年度
月　日(　)
パンダコッタ
NO.
墨田区中川保育園ぱんだ組

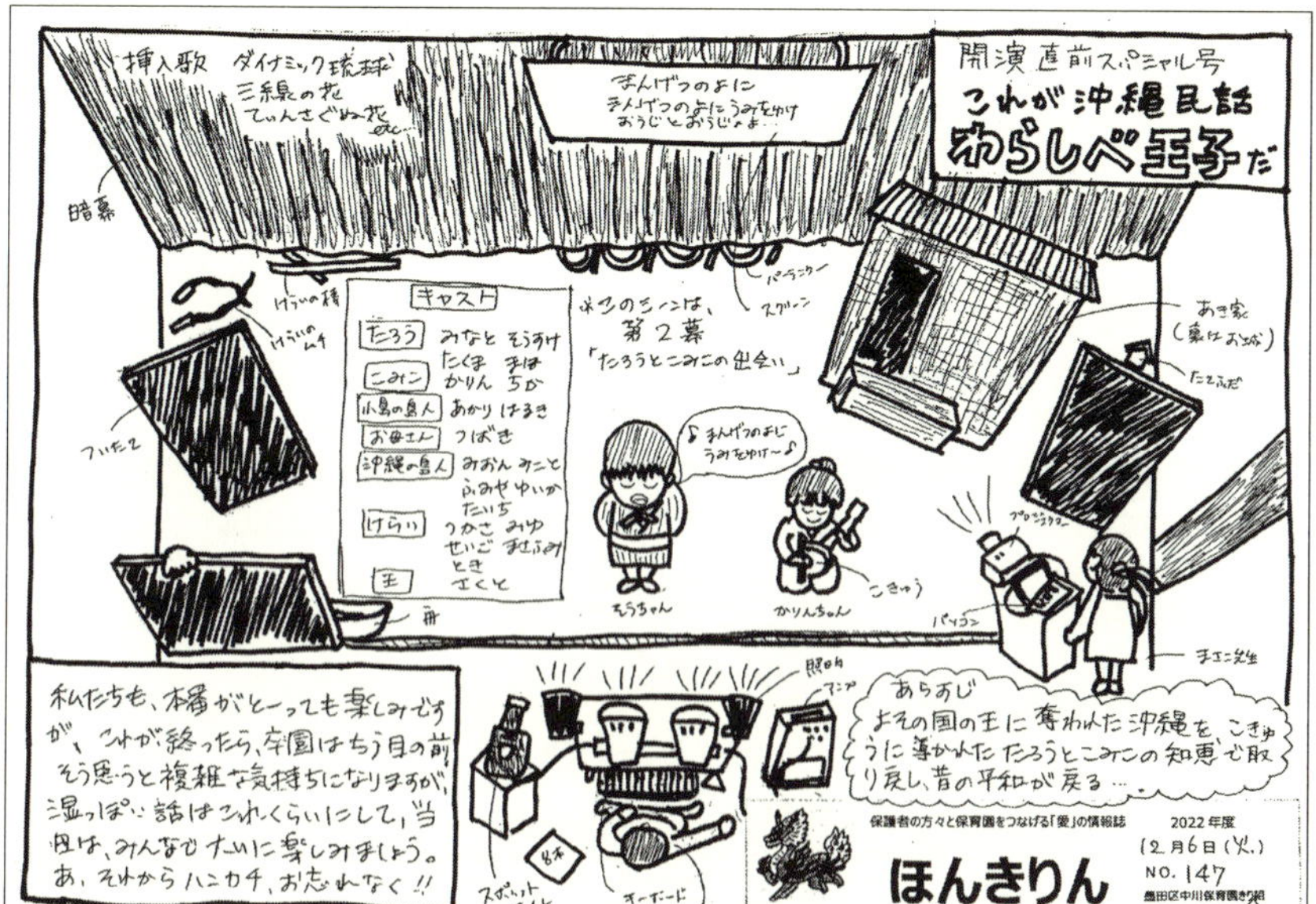
開演直前スペシャル号
これが沖縄民話
わらしべ王子だ
挿入歌　ダイナミック琉球
三線の花
てぃんさぐぬ花
まんげつのよに
まんげつのよにうみをかけ
おうじとおうじょ
暗幕
パラランプ
スクリーン
あき家(裏はお城)
たておだ
けらいの棒
けらいのムチ
キャスト
たろう　みなと　そうすけ　たくま　まほ
こみこ　かりん　ちか
小島の島人　あかり　はるき
お母さん　つばき
沖縄の島人　みおん　みこと　ふみや　ゆいか　たいち
けらい　つかさ　みゆ　せいご　まほふみ　とき　さくと
王
※このシーンは、第2幕
「たろうとこみこの出会い」
♪まんげつのよに うみをかけ〜♪
こきゅう
たろうちゃん
かりんちゃん
プロジェクター
パソコン
まさこ先生
照明
アンプ
あらすじ
よその国の王に奪われた沖縄を、こきゅうに導かれたたろうとこみこの知恵で取り戻し、昔の平和が戻る…
私たちも、本番がとーっても楽しみですが、これが終ったら卒園はもう目の前そう思うと複雑な気持ちになりますが、湿っぽい話はこれくらいにして、当日は、みんなで大いに楽しみましょう。あ、それからハンカチ、お忘れなく!!
台本
スポットライト
オーボード
保護者の方々と保育園をつなげる「愛」の情報誌　2022年度
2月6日(火.)
ほんきりん
NO. 147
墨田区中川保育園きりん組

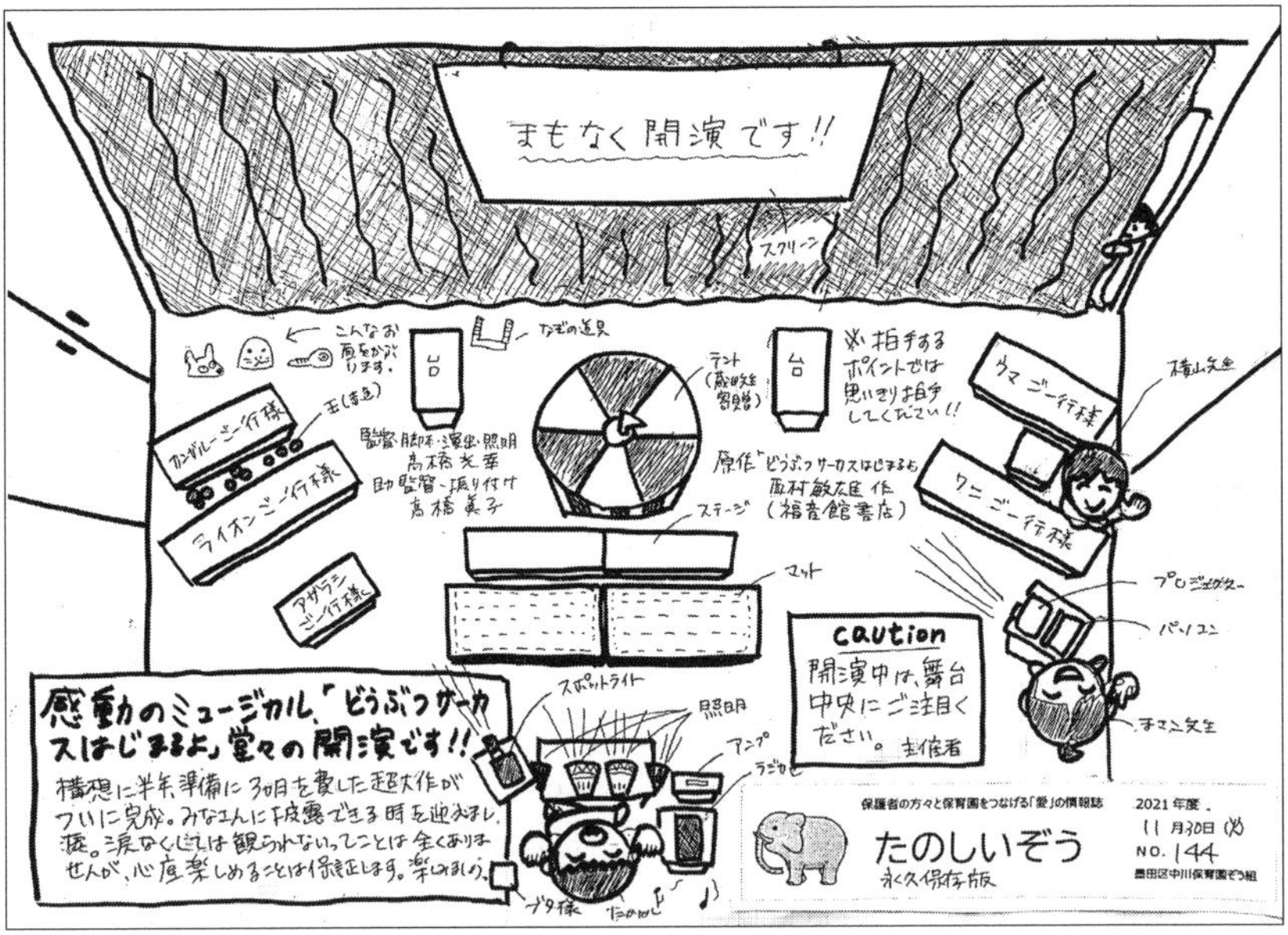
まもなく開演です!!
スクリーン
感動のミュージカル「どうぶつサーカスはじまるよ」堂々の開演です!!
構想に半年、準備に3カ月を費した超大作がついに完成。みなさんに披露できる時を迎えました。涙、涙なくしては観られないってことは全くありませんが、心底楽しめることは保証します。楽しみましょう。
caution
開演中は、舞台中央にご注目ください。 主催者
原作「どうぶつサーカスはじまるよ」西村敏雄 作（福音館書店）
監督・脚本・演出・照明 高橋光幸
助監督・振り付け 高橋真子
※拍手するポイントでは思いきり拍手してください!!
ウマ ゴー行様
ワニ ゴー行様
ライオン ゴー行様
カンガルー ゴー行様
アザラシ ゴー行様
ステージ
マット
スポットライト
照明
アンプ
ラジカセ
プロジェクター
パソコン
保護者の方々と保育園をつなげる「愛」の情報誌
たのしいぞう
永久保存版
2021年度 11月30日
NO. 144
墨田区中川保育園ぞう組

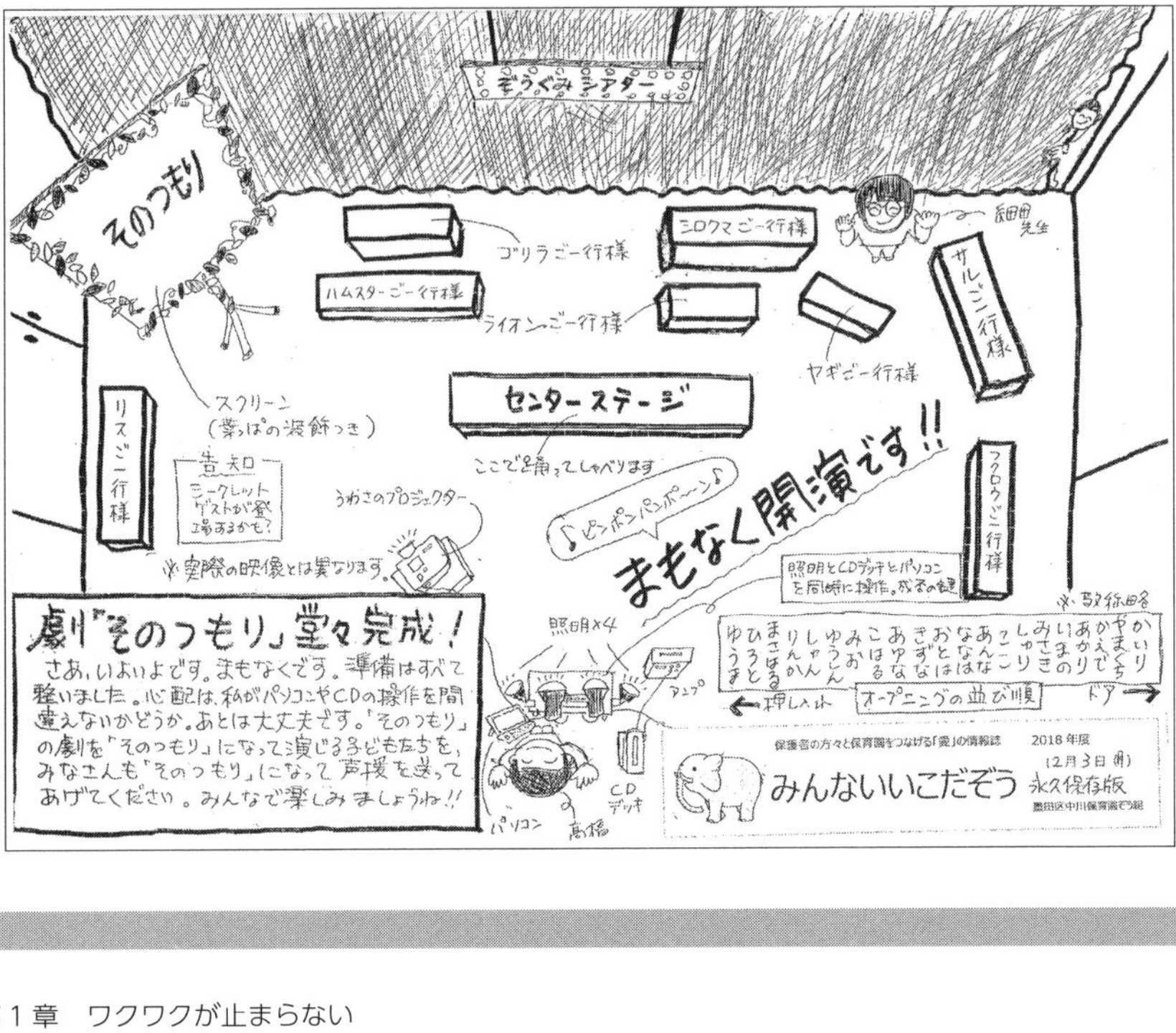
ぞうぐみシアター
そのつもり
センターステージ
ここで踊ってしゃべります
ゴリラ ゴー行様
シロクマ ゴー行様
ハムスター ゴー行様
ライオン ゴー行様
ヤギ ゴー行様
サル ゴー行様
リス ゴー行様
フクロウ ゴー行様
スクリーン（葉っぱの装飾つき）
告知 シークレットゲストが登場するかも?
うわさのプロジェクター
※実際の映像とは異なります。
♪ピンポンパンポーン♪
まもなく開演です!!
照明とCDデッキとパソコンを同時に操作。成功の鍵
劇「そのつもり」堂々完成！
さあ、いよいよです。まもなくです。準備はすべて整いました。心配は、私がパソコンやCDの操作を間違えないかどうか。あとは大丈夫です。「そのつもり」の劇を「そのつもり」になって演じる子どもたちを、みなさんも「そのつもり」になって声援を送ってあげてください。みんなで楽しみましょうね!!
照明×4
アンプ
CDデッキ
パソコン
高橋
※敬称略
オープニングの並び順
ドア
押し入れ
保護者の方々と保育園をつなげる「愛」の情報誌
みんないいこだぞう
永久保存版
2018年度 （2月3日）
墨田区中川保育園ぞう組

●コラム2● 高橋流・対話的絵本読み聞かせ法

保育の養成校に通っていたころ（昭和の時代）、子どもに読み聞かせるのは、自分が好きな本が一番だと教わりましたが、私はその教えを今も忠実に守っています。

私は、スズキコージさんという絵本作家の大ファンです。コレクションは100冊くらいあると思います。なので、読み聞かせる絵本もほぼスズキコージさん。ここまで偏っている保育者も珍しいと思いますが、それもこれも、教えを忠実に守っているからです。

教育テレビの美術番組でスズキコージさんが取り上げられたとき、コージさんは「子ども大人を問わず、コミュニケーションということを考えて描いている」と語っていました。まさに描くことを通じた対話です。それを聞いて、安心し、自分の読み聞かせ方もこれでいいのだ……と自信を持ちました。というか、勝手にそう解釈しました。

絵本の読み聞かせ方については、声色を変えず、自分の声で淡々と読むのがよいという話も聞きますが、この教えには忠実ではないところが、なんでも自分のいいように解釈する性格を表していますが、そもそも保育実践は、子どもとともにつくるものなのだから、絵本の読み聞かせにしたって、子どもとともに読むことがあってもいいと思うし、私はそういう読み聞かせ方が好きなのです。ミュージシャンがライブで観客に一緒に歌わせるのと質的に同じです。それにより、子どもたちはより深く絵本の世界にのめり込んでいくと思っていますが、私はこの手法を「対話的読み聞かせ法」と命名しました。

たとえば、『みんなあつまれ』という絵本があります。「こどものとも年少版」の2003年9月号ですから、今では入手困難かもしれません。この絵本には「アンバラベッテ　バラミイヤ　ウンツァッツァ　ウンツァッツァ」などという意味不明な言葉が出てきます（コージさんにはこういう絵本がたくさんあります）。そして、この絵本を読むとき、「アンバラベッテ　バラミイヤ」の部分を私が読んで「ウンツァッツァ　ウンツァッツァ」の部分を子どもに読んでもらいます。そうすることで、私と子どもたちの一体感が増し、コージさんの不思議な世界をみんなで一緒に漂っている感覚になって楽しくなり、笑えてくるのです。『ガッタンゴットン』（平凡社）『サルビルサ』（架空社）『ウシバス』（あかね書房）などの絵本でも同じように楽しんでいます。

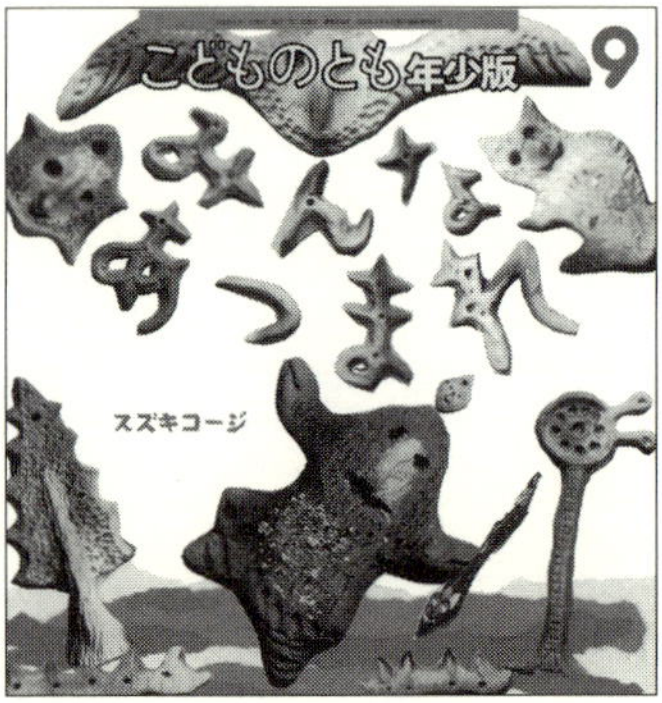

7 わかり合えて“ワクワク”

●ずいぶん悩んだ末にたどり着いた場所

若かりし頃、その場の勢いで子どもを叱ってしまい、昼寝の時間に冷静に振り返って反省し、昼寝の後、叱ってしまった子に「さっきはごめんね」と謝ることを繰り返していました。どうしたら、そういう自分を変えられるか、ずいぶん悩みました。あれこれ勉強もしました。そこで学んだのは、怒りの感情がこみ上げるのは、その子がなぜそういう行動をしてしまったのかが理解できていないから、その子の気持ちに寄り添えられていないからだと思うに至りました。そんなこともわからずに保育していたのかとお叱りを受けそうですが、私はそのように未熟だから、普通の人より勉強しなければ、努力しなければと思い続けてきました。それがなければ、長きに渡って保育者を続けてこられなかったし、保育でワクワクし続けることもできなかったと思います。

時間はかかりましたが、イラっとしたときに立ち止まって考えられるようになりました。「なんで、この子はこういうことをしたんだろう?」「なんで、この子はこんなこと言うんだろう?」などと考えて、その子の今の心理状態、家庭の状況などを勘案して、あれやこれや思案して、「そうか!」と理解できるようになってきました。まだまだ当てが外れてしまうこともありますが、次章で触れる「ズラし」のテクニックと合わせて、私は子どもにイライラすることが激減し、おだやかにいられる時間が増えました。それに伴い、子どもがよりいとおしく見え、保育がより楽しくなりました。

そうやって私を育ててくれたのは、これまで出会ったすべての子どもたちですが、子どもたちからどんなふうに学び、どんなふうに関係をつくってきたかについて、2つの実践を紹介して、この章を終わります。

頼むよゆうせいくん

まずは、4歳児クラスのゆうせいくんと私の物語です。

クラスだより

「頼むよ、ゆうせいくん」（2018年11月14日）

朝から、暴行を受けている高校球児の映像が繰り返し流されているのを見ると、同じ教育の道に携わり「先生」と呼ばれる立場として気が重くなります。

それにしても、最近はSNSの普及で、この手のニュースのみならず、いろんなニュースがすぐに拡散されますが、私はそのうち「公園で虐待する男性保育士」なんてタイトルで投稿されちゃうんじゃないかと、ちょっと心配です。事実無根なのに……。

細田先生が、「今日は八広公園まで行きましょう！」と提案。今まで一度も行ったことのないちょっと遠くの公園に出かけることにしました。歩くのが本当に上手になったので、20分ほどで到着。そびえ立つアスレチックから伸びる3本のすべり台を目の当たりにした子どもたち。「わぁーっ！」と叫ぶのかと思いきや、「ぼくいったことある！」「わたしきたことある！」と自慢しまくるので、「そんなの自慢されても……」と呆れましたが、さっそくあそび始めると、ひろくん、おとちゃん、ななちゃんなどは、すべり台には目もくれず、〝うんてい〟に挑戦。ひろくんはパッパッパッと渡っていくのでさすがですが、さいしょはちょっと戸惑ったおとちゃん、ななちゃんもすぐにコツをつかんでぐんぐん進むのでさすがです。そんな姿に他の子たちも触発されてどんどん挑戦。「これまでできなかったことでもやってみたい、できるようになりたい」という思いが多くの子の中に広がっていることを感じます。

そんな中、私と目が合うと一目散ににげていくのがゆうせいくん。同じようにやってみたらと言われたくないのです。ほどなくして、細田先生を先頭に次のコーナーへ移動。丸太をくぐったり、ロープを伝って丸太の上に登り、一番上についたらまたいで降りるというのを順にやると、そういうのがちょっと苦手なゆうまくんもみおちゃんもみーちゃんも挑戦します。なので、身体を支えてあげるなど私がサポートしてあげましたが、ゆうせいくんは途中まで登って大泣きします。だったらそのままやめればいいのに、ゆうまくんたちまでやってしまったもんだから、自分もやらなきゃならない気になって、だったら泣かなきゃいいのに大泣きするから、はたから見たら私が泣いている子どもを無理やりやらせている感じになる。「もーっ、オレが虐待しているみたいだから泣くな！」と言わずにはいられませんが、こういうご時世なので、これだけは何とかしてもらいたい……。と思いつつ帰り道。かえちゃんやりんかちゃんは、私のことをバシバシ叩くし、みおちゃんは「かんちょーっ！」とか言って、私の尻をつつくし、「暴力はやめてください」「セクハラはやめてください！」と言い続け、道行く人に笑われましたが、なので、私こそが被害者なのです。頼むよ、ゆうせいくん。

3歳児クラスの途中で転園してきたゆうせいくんは、かなり怖がりで、そのために不安が強くなってしまうことがありました。特に、今までやったことがないことはまずダメで、まだ何もしていない時点で、しかも、やらなきゃダメなどと誰にも言われていないのに、「できない〜っ」「わからない〜っ」と泣き叫んでいました。

そんな子なので、公園に行って固定遊具であそぶとなると、こんなふうになってしまうのはよくあることでした。やらなきゃダメなんてひとことも言っていないのに……。

ゆうせいくんを見ていると、怖いものに対するアンテナの感度がかなり高いんだろうと思います。人の表情とか状況の変化にものすごく敏感なのも、怖いもの、怖いことから自らを守るためなんだろうなあと思います。ただ、それだけ周囲に気を配って生きているがゆえ、友だちの思いをいろいろ考えて、寄り添うことができます。仲良しの友だちが窮地に追い込まれると、まったく無関係でも、その子に代わって落ち込んだり、泣いたりしてしまうことがあるほどです。敏感だからこそいろいろなことが怖く、怖いからこそ周囲に気を配る……。そして、敏感であるがゆえ、くすぐられそうと思っただけで笑ってしまい、くすぐられると声が出ないくらい笑ってしまいます。

そんな子なので、たいしたことないのにおびえたり、落ち込んだりしたときは、「こりゃあ～っ、もう許さ～ん！」と声をかけてから、羽交い絞めにしてくすぐりまくります。たいしたことないから、すぐに笑ってしまいます。そして、笑いながら声を振り絞って「まいりましたあ～」と言い、「では、許してやろう！」と解放します。

子どもにとって、眠ることは怖いことなので、安心できる条件が整わないとなかなか眠れないと言います。そんなわけで、ゆうせいくんは、なかなか安心できないので昼寝も苦手です。なので、昼寝の時間になると、布団に入るのも、布団の中でじっとしていることも難しく、昼寝場所であるホールの中をうろうろ歩き回ったり、声を上げるなど、昼寝の当番の先生にも寝ている子にも迷惑をかけるので、私が引き取り、保育室に連れていき、事務をする私の傍らで、静かにあそんでもらうことにしました。

私とゆうせいくん、2人だけのおだやかな時間が互いの距離を縮めました。私はゆうせいくんが「なんで寝ないかなあ……」と、この時間だけはゆうせいくんに不満を持っていたわけですが、「寝ないからこうやって2人の楽しい時間をつくれるんだよなあ……」と、向き合い方が180度転換し、ゆうせいくんも安心して過ごせるようになりました。それにより、私が昼寝の当番になったときは、部屋に戻るわけにはいかないので、昼寝をするホールにいてもらわなければならないのですが、自分から布団に入り、しばらくは静かにしていられるようになり、たまに、眠ってしまうようにもなりました。

それでも、ゆうせいくんは眠れない日のほうが圧倒的に多いです。そして、よくよく考えれば、眠らなくても大丈夫なら眠らなくてもいいわけで、そう考えれば、私たちがゆうせいくんをなんとか眠らせようと考えなくてもいいわけで、なので、ゆうせいくんには眠る側から眠る子を見守る側に立場を変えてもらうことにしました。それは、早く起きた小さいクラスの子とあそんであげたり、トイレに行きたいと言って起きてきた子をトイレまで連れて行くことでした。寝られない不安が小さい子の面倒を見てあげられている自信に変化したゆうせいくん。保育園の中では安心して楽しく過ごせるようになりました。私とじゃれついてあそび、くすぐられまくる日々は卒園まで続きました。ちょっと高いところに登ったり、ぶら下がったりする固定遊具を怖がりまくる姿も卒園まで続きましたが、幸運にも私にあらぬ嫌疑がかけられることはありませんでした。

●食われ続けてきたからこそ

ある年の5歳児クラスにRくんという男の子がいました。Rくんと過ごした日々はとても刺激的で、まさに格闘でした。その中で、いろんなことを考えて、いろんな失敗を重ねながら、大いに学び、大いに笑い、たくさんのしあわせを享受しました。そんな日々を振り返ります。

Rくんは、「ねえ、たかはしせんせー」と言いながら、毎日無茶苦茶な要求をしてきました。「ねえ、たかはしせんせー、ちょっとすわって」というのは、「肩車をしろ！」というサインで、26キロもあるのに私に肩車をさせて、目をふさいだり、耳をふさいだりしながら自分の言う通りに右に左に動くよう命じます。「ねえ、たかはしせんせー、ちょっとめをつぶって！」と言っては、虫取り網を頭からかぶせたり、背後に回ってパンツに手を入れたり、石けんだらけの手を私のTシャツで拭いたりして大笑いします。「ねえ、たかはしせんせー、どうぶつごっこやろう！」と言っては、「じゃ、ぼくがライオンで、たかはしせんせーはガゼルね！」「じゃ、ぼくがインドハゲワシで、たかはしせんせーはウシね！」など、私ばかりを食われる役にするので、「なんでいつもオレが食われる役なんだ？　そんなのばっかりじゃイヤだ！」と抗議すると、「じゃ、ぼくがワニで、たかはしせんせーはアナコンダね！」「つぎは、ぼくがマングースで、たかはしせんせーはハブね！」「つぎは、ぼくがヒョウで、たかはしせんせーはコブラね！」などと決めます。なので、「なんで、オレばっかり手や足がない役なんだ！」とさらに抗議すると「へへへ……」と笑います。恐竜ごっこでもRくんが肉食系で私は草食系。海の生物になっても私に与えられるのは食われる役ばかり…。そんなことを半年以上繰り返して、ようやく、Rくんがダチョウになって私を背中に乗せてくれたり、Rくんが犯人になって私が逮捕すること許してもらえるようになりました。ともあれ、私とRくん、2人の死闘は続きました。

Rくんは生き物が大好きです。だから、自然に対する感性はズバ抜けています。小さい虫を虫眼鏡でとことん観察し、スズメの鳴き声に耳を澄ませるなどの姿は研究者の領域です。海洋生物学者で作家のレイチェル・カーソンは、著書『センス・オブ・ワンダー』で「すべての子どもが生まれながらに持っている『センス・オブ・ワンダー』＝『神秘さや不思議さに目を見はる感性』を、いつまでも失わないでほしい」と語りましたが、Rくんはまさにそういう感性の持ち主です。

でも、機嫌が悪い時のRくんは、それは大変です。目の前にあるものをひっくり返す、投げ飛ばす、蹴飛ばす、目の前にいる人をひっぱたく、扉を閉めて鍵をかける、廊下やテラスに飛び出して脱走を図る……などなど、思いつく限りの悪行を繰り返しました。

もちろん、そうするのには必ず何かしらの理由があります。自分の思いをうまく表せないから、感情のコントロールが難しいからそうせざるを得なくなってしまうのです。ほんのちょっとなのですが、ズレちゃうことがあるのです。そんなRくんは、ルールのあるあそびや行事の取り組みなどにはほとんど参加せず、自閉スペクトラム症と診断されていました。でも、担任とも友だちとも楽しくかかわれるし、電車やバスに乗って出かけるときはちゃんとルールを守れます。いつもズレちゃうわけではないのです。自分のことを他人に決められるのがイヤで、自分で決めたい気持ちが人一倍強いため、譲歩できる範囲が狭くなってしまうのです。それだけの話です。

なので、私は、彼の土俵に乗ることにしました。そこで彼と向き合って死闘を繰り返すことにしました。それは私が食われ続けることでした。その中で「こいつはボクの思いを理解できて、受け止めてくれるんだ」と思ってもらうためです。

死闘の末、半年を過ぎた頃から手ごたえを感じられるようになってきました。Rくんのほうから寄り添ってくれることが増えたのです。すると、Rくんの友だちへのアプローチも変わってきました。ある日、友だちがつくったブロックであそびたくなったRくんは、その子のところに行って、「こわさないからかして！」と頼んでいました。今までは欲しくなったら強奪していたのに……。私をひっぱたくときにもかなり加減できるようになっていました。それは、他者の思いをくみ取って、他者に合わせようという思いが増している証です。そこで次は、わざとRくんが不機嫌になるようなことを言って、ちょっとだけ怒らせてみることにしました。たとえば、貸し出し用の着替えが入っている引き出しから、裾がフリルみたいになっている女の子のズボンを出して履いたRくんに、「わーっ、フリフリがついてるなんて、かわいこちゃんだあ～」とからかいました。案の定、Rくんは「ぼくは、かわいこちゃんなんかじゃない！」と眉間にしわを寄せます。そこで間髪入れずに「でも、前だったらここで怒ってるよな。今は我慢できてるよな。お兄さんになったなあ～」と褒めました。Rくんはニヤッと笑ってくれました。名付けて「ちょっとだけ耐える力を身につけさせる作戦」ですが、こんな作戦が通じるようになったのは、Rくんが思うであろうことがわかるようになり、予測が立てられるようになったからです。私とRくんがそれだけ仲良しになった証でもあります。

とはいえ、朝から不機嫌な日もあり、激しく怒ることもありました。その日も朝からイライラしていて、珍しくテーブルの上にあったものを次々落として怒りを表していました。なので、もう一人の担任がクールダウンさせるために廊下に連れ出しました。しばらくして戻ってきたRくんですが表情はまだムッとしています。そこで私は、「こらあ、いつまでそんな顔してるんだあ～。よーし、そんな奴は、ボクシングでやっつけてやるー！」と言って、スローモーションでアッパーを繰り出すと、それをスウェーして避けて、すかさず私のボディーにパンチを一発。その頃は私とボクシングごっこをしてあそぶのが好きになっていたのです。それだけでさっきまでのイライラは一気に吹っ飛び、いつもの笑顔を見せながら私にとびかかってきました。

12月、劇の発表会がありました。私のクラスは「とんとんみーときじむなー」という沖縄が舞台の創作民話を演じました。10月の運動会にもほとんど参加しなかったRくんです。当然のことながら、劇の練習には参加しません。でも、この絵本は大好きですし、興味がないわけではありません。みんなと一緒に〝やらされる〟のがイヤなだけです。そこである日、Rくんが大好きな最後のシーンを2人きりでやってみました。大喜びしてくれました。でも、当日にその役をやるかというとそこは期待薄です。

Rくんには、こんなふうに楽しんでもらえばいいのですが、保育園生活最後の行事だし、周囲の期待もあるし、ちょっとは出演してもらいたいと思ってあれこれ考えました。そんなある日、2人で倉庫に入った時に見つけ、Rくんが気に入ったトラック型のコンビカーが使えるかも知れないとひらめきました。「コンビカーをRくんの好きな魚にカスタマイズしたら、これに乗って海の中のシーンに出てくれるかもしれない…」と思ったのです。さっそく、「何の魚が好き?」と聞くと「ハンマーヘッドシャーク!」と答えたので、すぐに調べ、写真を見ながら、段ボールを張り付けてハンマーヘッドシャークをつくりました。Rくんは、気に入ってくれて、劇の練習の時、気分が良ければこれに乗って出てくれました。希望が湧いてきました。しかし、飽きっぽいのに加えて他者の目を気にするRくんです。その後の練習でも、勢いよく出てきたのに途中で止まってしまったり、ハンドルの上に取り付けた背びれを引きちぎってしまったり、そんなことがありました。なので、まだまだ安心できるレベルではありません。

前日の夕方、もうひとりの担任に「明日のRくんが出るシーンなんだけど、先生も一緒に出たほうがいいと思うんだ」と話すと、「背びれは取ったほうがいいわよね」というのと一緒に「それがいい」と言ってくれました。その晩も翌朝も、Rくんが出るシーンのことが頭から離れず、もっといいことはないかと考えていたら、「そうだ！」と思いついて、当日の朝、保育室に入るなり、グーグルで「コバンザメ」の画像を検索し、それを見ながらコバンザメの絵を描いてお面にして「Rくんと一緒に出るとき、これをかぶりなよ！」ともうひとりの担任に渡しました。数十分後に登園したRくんはその「コバンザメ」に目を輝かせました。そして、彼が嫌ういつもとは違う雰囲気だったにもかかわらず、落ち着いて部屋に入ってきました。劇にも出演してくれました。目頭に熱いものがこみ上げてきました。

1年間、Rくんに食われ続けながら「オレの気持ちを考えろ、オレが何をしたいか、何を言いたいかをわかるようになれ！」と訴えられていると感じていました。だから、いろんな仮説を立ててアプローチしました。裏目に出て怒りを増幅させてしまうこともあったし、私の対応がイヤで登園を渋る時期もありました。それでも考え続けました。「自閉スペクトラム症という診断名がある子どもだからどう対応すべきか……」ではなく、「Rくんはどんなことをおもしろがるんだろうか、私に何を求めているのだろうか……」と考え続けました。それによって、Rくんの気持ちが少しずつわかるようになって、Rくんの喜びも私の喜びも増えていきました。その姿が他の子たちのRくんの見方を変え、〝腫れ物に触る〟ようにびくびくしていた子たちが自然にかかわれるようになりました。卒園直前のある日、Rくんは、みんな

が「ハンカチ落とし」であそんでいるところに近づいて「ぼくもいれて！」と言いました。初めて自分から集団あそびに加わったのです。

そして、最後の散歩、土手のベンチにみんなで座って、一人ひとりに「保育園生活で何が一番楽しかった？」と尋ねると、Rくんは「たかはしせんせーとどうぶつごっこしたこと」と答えてくれました。涙があふれました。食われ続けてきて本当によかった……。

●子どもたちこそ、いかに生きるべきかを教えてくれる最高の先生

40年以上も保育しているのだから当然ですが、いろんな子どもと出会いました。肩がちょっと触れただけで友だちを突き飛ばす子もいたし、イラっとしたら部屋から飛び出し、わざと高いところに上って威嚇《かく》する子もいたし、床や壁に油性ペンで描きまくってしまう子も、ひっくり返って暴れまくる子もいました。それぞれその時は本当に大変でした。「でも、一番大変なのはそうせざるを得ない子なんだよな……」そう思えるようになったのは、30代前半くらいだったと思います。

汗と涙で顔をぐちゃぐちゃにしながら暴れる子を抱きしめ、「つらいよね。そのつらさをわかってあげられなくてごめん……」と謝りながら目を潤ませた時もありました。「困った子は困っている」というのは真理です。だから、何で困っているのかを、考えて、考えて、考え抜いて、仮説を立ててアプローチして、それが不発に終わったら仮説が間違えていたということなので、改めて、考えて、考えて、考え抜いて、新たな仮説を立ててその子と向き合う……。そんなことを繰り返してきました。そして、1か月過ぎ、

半年が過ぎ、1年が過ぎるころには、考える機会を与えてくれたすべての子の悩みや苦しみのかなりの部分を理解できるようになりました。そうすると、その子も私のことを理解してくれて、互いのことをわかり合う仲間として絆が生まれ、強い信頼関係で結ばれることになりました。

そして、「ほら、やっぱりこの子とも仲良くなれたじゃん！」と思いつつ、大変だったころのことを懐かしく思いながら、改めて保育にワクワクするのでした。

〈参考文献・引用〉

・ヨハン・ホイジンガ著／高橋英夫訳『ホモ・ルーデンス』（中央公論新社、1973年）
・ロジェ・カイヨワ著／多田 道太郎、塚崎 幹夫訳『遊びと人間』（講談社、1990年）
・レイチェル・カーソン著／上遠恵子訳『センス・オブ・ワンダー』（新潮文庫、1996年）
・スズキコージ「みんな あつまれ」（『こどものとも年少版』2003年9月号・品布中、福音館書店）
・OECD編集／星三和子・首藤 美香子・その他訳『OECD保育白書―人生の始まりこそ力強く：乳幼児期の教育とケア（ECEC）の国際比較』（明石書店、2011年）
・高橋光幸「食われ続けてきたからこそ」全国幼年教育研究協議会・集団づくり部会編『求めあい認めあい支えあう子どもたち―乳幼児期の集団づくり視点と実践』（かもがわ出版、2020年）※再掲
・今井むつみ、秋田喜美著『言語の本質』（中公新書、2023年）

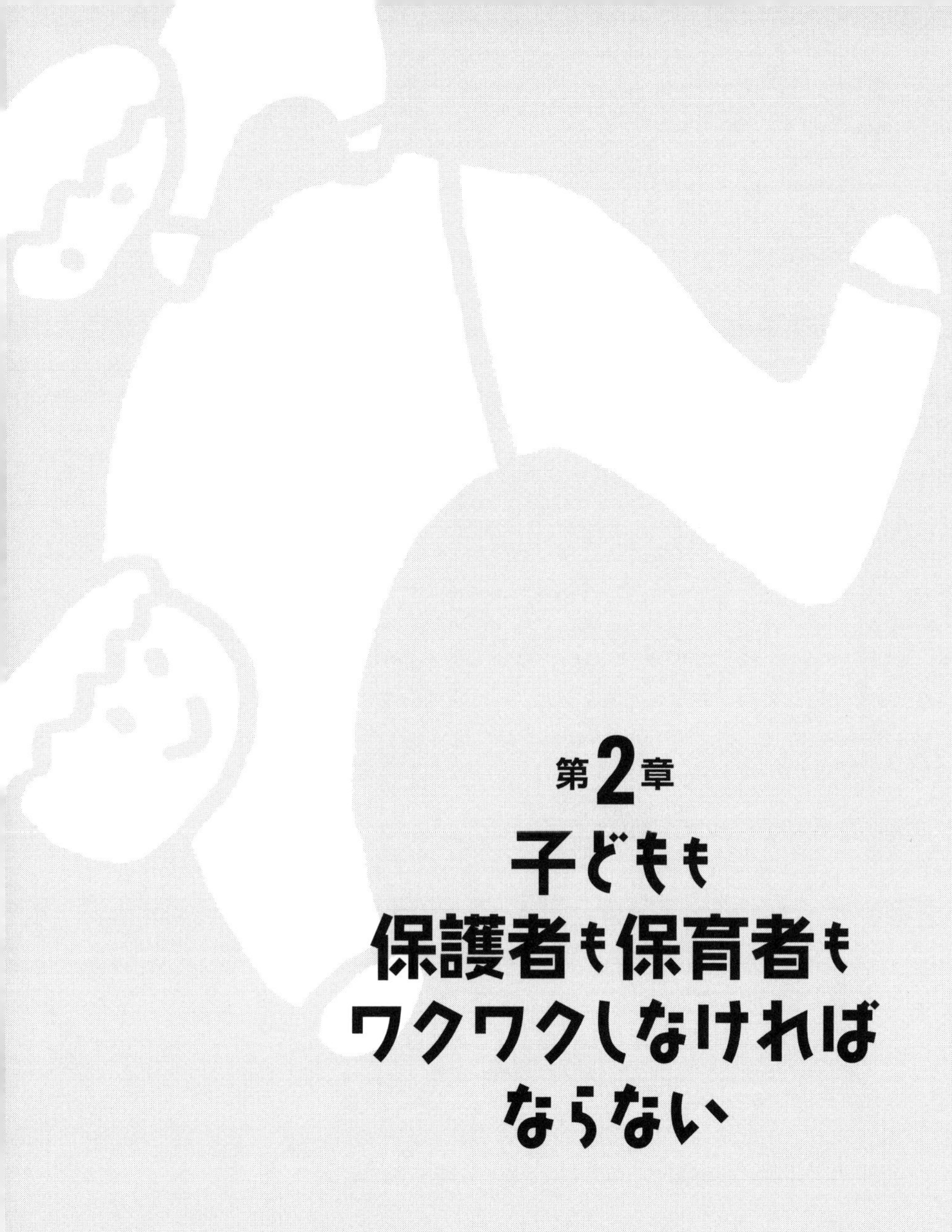

第2章

子どもも
保護者も保育者も
ワクワクしなければ
ならない

1 みんな大変……

ワクワクできない

第1章では、私が、保育という仕事から、そして、子どもたちから、どれほどワクワクさせてもらっているかをお伝えしました。そうなのです。私は40年以上の長きに渡って、保育と子どもたちにワクワクし続けてこられたのです。仕事している時間は人生の三分の一。私の年齢を考えれば膨大な時間ですが、そんなにも長きに渡ってワクワクできているんだから、その人生をしあわせと言わずに何をしあわせというのかという感じです。

でも、そんな私も、疲れていたり、気乗りがせずに、「今日は行きたくないなあ……」と思うこともありますし、振り返れば、それなりにつらい時期や苦しい時期もありました。

激しく口論することもあったし、同僚に向かって声を荒らげたこともあったし、「あの時にああいえばよかった」「こうしておけばよかった」と後悔したことなど数知れずです。心が沈んで、保育園に通う足取りが重い日々も、通勤途中に心臓がキュッと締め付けられるような感覚を味わったこともありました。

自分がミスをしてしまった時、保護者に不快な思いをさせてしまった時なども、その都度、動揺しました。特に、子どもがケガをしてしまった時の心の痛みはとても大きいものでした。ケガが大きかった場合はもちろんですが、小さいケガであっても、その子の痛みや保護者の心労を考えるといても立ってもいられない気持ちになりました。

ただ、そういう痛みや苦しみの多くは、月日が緩和してくれました。飲みに行ったり、旅行に出かけるなどで気分転換をはかることもできましたが、一番の解決策は学びでした。

子どもや保護者のことをわかってあげられずに苦しかった時は、学びながら理由を考え、仮説を立ててアプローチすることで何とか解決に至って苦しみから解放されました。子どもたちの笑顔やおもしろい行動も心を癒してくれたし、どん底の時は、同僚や研究仲間、時には保護者の方々にも励ましてもらって乗り越えることができました。

そんなわけで、私の場合、ワクワクできない状態は一過性のもので、長くても数か月で抜け出すことができました。でも、ドキドキしたりイライラしたりはするけれど、ワクワクなんて全然できないという保育者は少なからず存在します。私の周りにもそのような感じの人がいます。そんなふうに思いたくないけれど、もしかしたらそちらのほうが多数を占めているのかもしれません。

保育者がワクワクできない理由は、その人の資質や生活の問題、賃金や労働条件の問題、職場の人間関係の問題、保護者や子どもとの関係の問題などさまざまです。なので、私にはこうすれば解決できる、こう考えればワクワクできるなどという処方箋を書くことはできません。でも、保育者がワクワクできない理由の奥深くを紐解いていくと、案外、共通する問題が浮き上がってくるかもしれません。この国には保育者のワクワクを拒む共通の要因がありすぎるからです。

この章では、そのあたりを俯瞰しつつ、どうすれば解決できるかを考え、最後には、保育でワクワクできたら、その先にも新たなワクワクが待っているところまでつなげていきます。

保育者がワクワクできなければ、子どもたちも保護者の方々もワクワクできません。だから、今がどんなに苦しくとも、どんなにつらくとも、保育者はワクワクできる道を探らなければならないのです。

「大変です……」

何年か前の話です。西日本のとある自治体で講演させてもらい、終了後、主催された方々が一席設けてくれたので喜んで参加しました。地元の酒や肴に舌鼓できるのもさることながら、そういう場で、その地域の保育者たちの本音を聞けるのも魅力です。自分が働いている地域や保育園、自分が研究している仲間以外の人々から話を聞かせてもらうのは「保育を大局的に捉えるための貴重な機会」だからです。

酒の席でメモを取ることなどほとんどない私ですが、この時は、「ちょっと待って！」と話をさえぎって手帳を出しペンを走らせました。きっかけは、隣に座った7年目の保育者とのこんな会話でした。

「今、何歳児を担任してるの？」

「3歳児です」

「保育は楽しい？」

「うーん」

（ちょっとの間）

「大変です……」

「クラスに子どもは何人いるの?」

「33人です。それで、ほぼ一人で保育しています」

「へ?」(最低基準をはるかに超えてるじゃん)

この自治体は、もともと公立保育園が4園あったそうですが、その年の4月に2園が民営化されたとのことでした。残った保育園のうちの1園が、定員300名近くのマンモス保育園で、0歳児クラスは26名をワンフロアで保育していて担任は9名。1歳児クラスは47名で、ここもワンフロアで保育。2歳児は46名で、ここは23名ずつ2クラスに分けているとのこと。5歳児は53名で、ここも2クラスに分けているそうですが、土曜日は1クラスになり、5歳児は約40名が登園して、1人で保育するというのです。

土曜日に登園する子がたくさんいるため、その分、職員がたくさん出勤しなければならず、土曜日に休めるのは4週に1回だけ。それ以外は平日に振り替えるので、平日の職員も常に足りない状態で、33人の3歳児をほぼ1人で保育しなければならなくなってしまうのだそうです。そりゃ大変だ。

ちなみに、最低基準は「子ども○人に対して保育士おおむね1名」となっています。こども家庭庁の職員に「なんで、おおむね?」と尋ねると、「基準に満たない時間がある場合もあるので……」とのことでした。だから、土曜日の休みを平日に振り替えるため、本来は2人で保育しなければならないところが1人になったとしても、必要な保育士数は確保できているのだから大丈夫となるわけです。釈然としませんが…。

●「子どものことを全然怒らないので驚きました……」

別のある年、実習生の反省会の場で、実習生が口にした言葉にも驚きました。この実習生は、夜間の養成校に通い、昼間は保育園でアルバイトをしながら保育士資格の取得をめざしているとのことでした。その実習生がいきなりこう言ったのです。「この園の先生たちが、子どものことを全然怒らないので驚きました……」と。

驚いたのはこちらのほうです。もちろん、怒鳴り声をあげるような保育者はいないにせよ、自分も含め、みんな普通に叱っているわけですが、そんな私たちを見て「全然怒らない」と感じるのはなんでだろうと思い、詳しく聞いてみました。

その実習生がアルバイトしている保育園は若い先生だらけで、2歳児クラスに配属されているとのことでしたが、若い先生たちは朝から夕方まで子どもたちを怒っているというのです。実習生は、資格が取れたらその園で働いてと言われているとも話していたので、私は、「今はどこの保育園も猫の手を借りたいほどの人手不足で、どこの保育園も喉から手が出るほど保育者を必要としているんだから、早々に決めないでいろいろ見てじっくり考えたほうがいいよ。」と伝えました。

もちろん、若い先生がたくさん子どもを怒るなんてこと、あるはずありません。でも、保育をあまり経験せず、子ども理解も未熟だとしたら、「なんで言うことを聞かないの？」「なんで何度言ってもわからないの？」と思ってしまうことも多いはず。そこを教えてくれる先輩がいなければ「なんで？」が蓄積して、腹が立ち、怒ってしまうこともあるでしょう。

実習生の話を聞いて、怒ってばかりいる若い保育者たちの問題は、その人たちの個人的な問題ではなく、この国の保育現場が抱えている構造的な問題なのだと思いました。

●日本の保育者は働きすぎ（働かせられすぎ）

日本を含む９か国を調査した「ＯＥＣＤ国際幼児教育・保育従事者調査２０１８報告書」（表）によれば、日本の常勤の保育者の週当たりの労働時間は９か国中最も長い50・４時間でした。世界基準でみれば、日本の保育者は働きすぎ（働かせられすぎ）なのです。

その理由を考えてみます。日本の保育園は働く保護者を支えるための施設という色合いが強く、保育時間は保護者の勤務時間、通勤時間に合わせることになっているため保育時間は長くなりがちです。

保育時間が長くなると、早番や遅番などのシフトをつくって、時差出勤しなければならなく

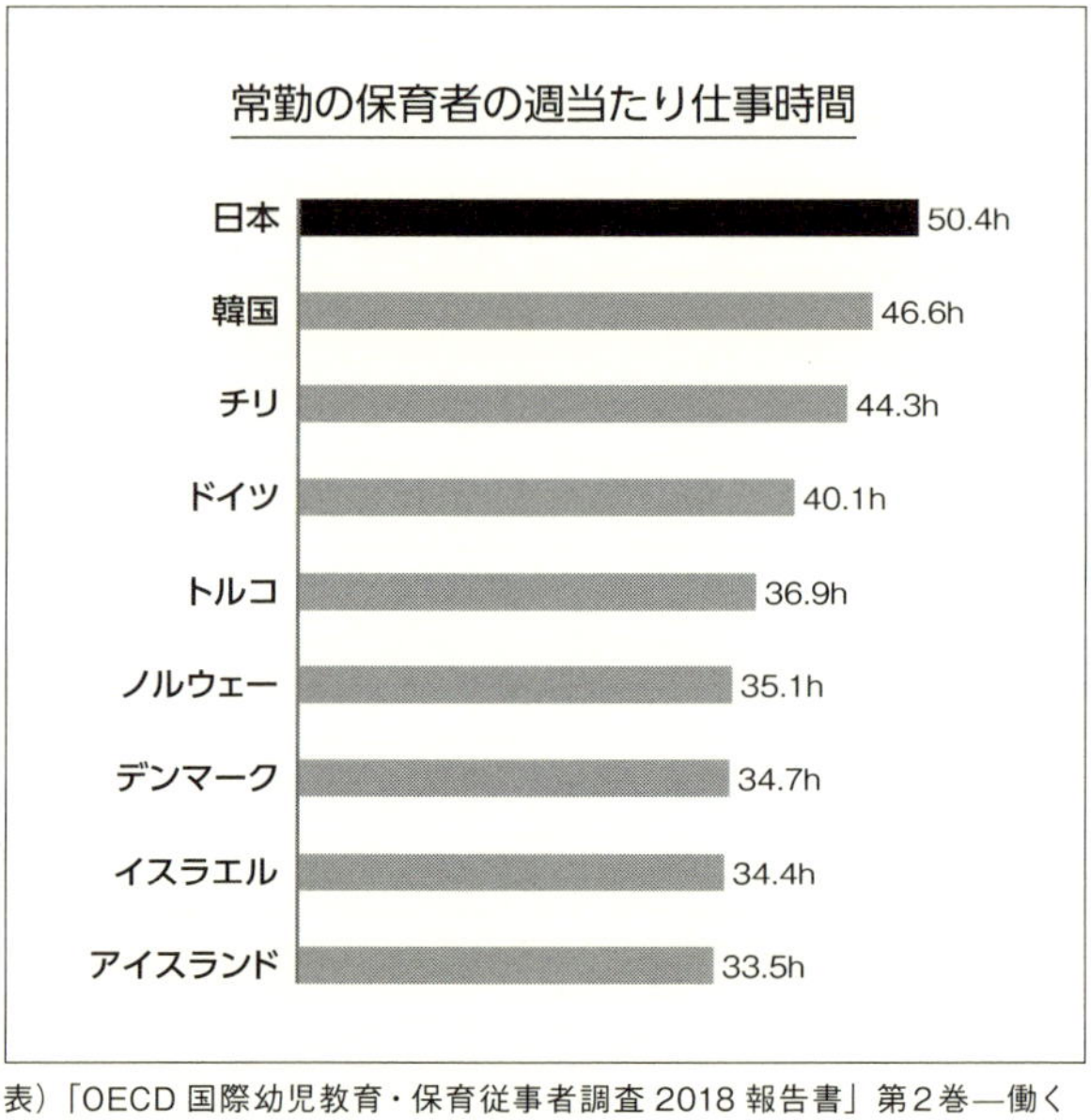

表）「OECD 国際幼児教育・保育従事者調査 2018 報告書」第２巻―働く魅力と専門性の向上に向けて―結果のポイント（p.4）

なります。しかし、保育者を配置する国の基準（最低基準）は、それでなくとも低い上、入園している子どもの数に合わせるのが基本なので、少ない保育者で早番や遅番などの当番を回さなければならなくなります。そうなると、必然的に、当番回数が多くなって、休暇はおろか休憩をとることすらままならない状況になってしまいます。

保育だけでも大変なのに、日誌や月案や週案などの事務もあるし、行事の準備もあります。そんなこんなで、しなければならないことが山ほどあり、既定の勤務時間内に仕事を終わらせるのが困難になり、週当たりの労働時間が50・4時間となってしまうのです。

厳しい労働条件の中、たくさんの仕事をこなさなければならない状況が当たり前で、それが絶え間なく続くとしたら、当然のことながら、保育でワクワクするどころではなくなります。

「どうしたら保護者にわかってもらえるでしょうか？」

私は、保育の実践研究や運動に長いこと携わっている関係で、それほど多くはないものの、保育者や保護者を対象にした講演をさせてもらうことがあります。そういう時に、質疑応答の時間が設けられたりしますが、その場で質問が出ることは少なく、終了後、私のところにやってきて質問する人がいます。何を質問されたかなんて、あっという間に忘却の彼方。なので、「あの時、こんな質問をしたんですけど……」と後から言われてもピンとこないことが多いのですが、ずいぶん前の話なのに、昨日のことのように鮮明に覚えている話もあります。脳内の長期保存用のフォルダに収まったからだと思いますが、それだけ衝撃的だったのです。

とある保育集会で話した直後の休憩時間。東京のある自治体の若い保育者が4～5人で私のところにやってきて、「質問があるんですけどいいですか?」と話しかけてきました。「どうぞ」と返して、話を聞くことにすると、唐突に「わかってもらえない保護者がいるんですけど、どうしたらわかってもらえるでしょうか?」と聞かれました。

この時の私の話に保護者への対応など一切出てこなかったので、「なんでそんなこと聞いてくるのかな?」と不思議に思いましたが、それ以上に「なんだ、その質問?」と驚きました。それでも、若い保育者たちが、意を決して、短い休憩時間の中で質問しにきてくれたのだから、ちゃんと答えなければならないと思って、私はこう返しました。

「じゃあ、あなたたちは、その保護者のこと、どれだけわかってあげられていますか?」

彼らは絶句しましたが、私はこう続けました。「わかってもらう前に、わかろうと努力しなきゃね。そして、その保護者のことをわかってあげられたら、次にわかってもらえる時がくるかもしれないよ。」と……。

この後、私はこのメンバーが企画・運営する学習会の専任講師となりました。参加者は、多くても10人程度という小さな集まりですが、もう10年くらい続いています。学習会を終え、一杯ひっかけてからの帰り道、電車に揺られながら、彼らと出会った時のことを思い出します。「あの時の、あのやりとりがここにつながったんだよな。こういう『縁』もあるし、それはそれでよかったな」と心の中でつぶやきながら、ワクワクが私の心の中に少し広がるのを感じます。酒の力も借りながら。

保育がサービスと呼ばれるようになって……

保育者の側から見て「保護者対応」は、保育の永遠のテーマのひとつです。長いこと保育する中で、いくつか大変なケースも見てきました。私自身も、一度だけ一部の保護者のバッシングに苦しんだことがありました。ここ数年は、私の中にある常識では理解しがたいクレームも見聞きします。

コロナ禍以降、在宅勤務、リモートワークという働き方も一般的となって、飲み会などのイベントが激減したり、参加しない人が増えるなど、同じ会社でも社員同士のつながりが希薄になっているとのことですし、SNSをのぞくとあっちでもこっちでも誹謗中傷の言葉が乱れ飛んでいます。

パワハラ、セクハラ、マタハラ、モラハラ……などのハラスメント（嫌がらせ）が社会問題になって久しいわけですが、顧客が企業に対して理不尽なクレームや言動をおこなうカスタマーハラスメント（カスハラ）もその一つにあげられています。

「保育サービス」という言葉が頻繁に使われるようになったのは、営利企業の保育へ参入が認められた2000年前後だと思いますが、最近は、紙オムツのサブスクリプションをはじめ、保護者の負担を軽減するさまざまなサービスがおこなわれるようになり、サービスを提供する保育のICT企業は急成長を遂げています。保育サービスは、まさに日進月歩の勢いで進化しています。

保育は、憲法25条「生存権」と、それに基づく児童福祉法に位置づけられている児童福祉事業です。だから、市場で売り買いされる「サービス」とは、本来、一線を画すものです。しかし、ここまでサービス化が進むと、利用者である保護者には、サービスを購入する顧客という意識が高まり、それに対応する保育者には、サービスを提供する販売員という意識が求められます。しかし、保育者はエッセンシャルワーカー（社会の機能を維持するために必要不可欠な仕事に従事する労働者）です。販売員ではありません。そういう意識が強いので、このあたりに齟齬《そご》が生じることになります。保護者は保育者をサービスの提供者だと思い、保育者はエッセンシャルワーカーの誇りをもって働いているので、この間に溝が生じるのです。そして、この溝が大きくなればなるほど、別の言い方をすれば、保育のサービス化が進めば進むほど、カスタマーハラスメントが生みだされる土壌が広がります。保護者の保育者への不満は高まり、保育者は保護者対応に苦慮することになるのです。

とにもかくにも、現代社会は、普通に暮らしていても不平や不満を感じることが多く、それに加えて、不適切保育の報道が繰り返され、保育のサービス化が進行しているのですから、保育園に子どもを預けている保護者の不安が高まり、要望やクレームが多くなるのも当然です。

不適切保育を考える

重たい話が続きますが、もう少し辛抱してください。次は、保護者が保育園に不信感を抱く要因のひとつ、不適切保育について考えてみます。

新入園児の面接で、「男の先生はいますか？」と聞かれたり、「男の先生は担任にしないでください」と言われることが多いという話をあちこちで耳にします。「男の先生にオムツ交換をさせないでほしい」とか「プールの時におしりを洗わせないでほしい」などの話も聞きますし、特定の保護者が「男」に嫌悪感を抱くという理由だけで、あるクラスは受け持てないとか、その保護者の子どもの保育にかかわらせないように当番のシフトが組まれるとか、そういうことが実際におこなわれているという話も聞きました。

男女共同参画社会が声高に叫ばれ、ジェンダーフリーが当たり前の時代ですが、保育現場では、いまだに男性に対する差別が横行しています。男という性で、長らく保育に携わってきた者として、そういう現実を突きつけられるたびにやるせない思いがこみ上げます。

しかし、男性保育士を警戒せざるを得ない状況がこの国の保育界に存在していることも事実です。性犯罪や子どもへの暴力、暴言など、男性保育士による事件が相次いでいるからです。不適切保育といわれる事件の中でもとりわけ凶悪だからです。

性犯罪などは、まったくもって論外ですし、保育者が子どもの心やからだに深い傷を与えるなどということは決してあってはなりません。それでも、全国各地で不適切保育といわれる許しがたい事件が頻発しています。不適切保育が報道されるたび、多くの保育者が「またか……」と心を痛めます。にもかかわらず、同じようなことが繰り返されているのです。

不適切保育の背景は、もちろん、その保育者の成育歴や資質など、個人的な問題が最も大きいのですが、保育者のストレス、人手不足、行き過ぎた指導方針、保育者のスキルの低さなどもあると言われています。先ほど触れたように、今日の日本の保育者の労働条件などを見ると、それも一理あると言わざるを得ません。そして、国や自治体は、この状況を放置している……とまでは言いませんが、適切な手立てを講じられているかというと、残念ながらまだまだ足りません。

政府は2000年に公立や社会福祉法人など非営利事業者しか認可しなかった保育に営利企業の参入を認めました。それを機に、子どもを守るためにつくられた規制が緩和されたり、子どもを守るために必要な基準が弾力化されるなど、企業が参入しやすい条件や利益をあげられる仕組みが整えられました。同時期、公立保育園の運営費の仕組みも改められました。運営にしか使えない「特定財源」が廃止され、自治体の判断で他の事業などにも自由に使える「一般財源」に組み込まれたのです。「民でできるものは民で」の掛け声とともに、自治体業務の外部委託が進み、公立保育園の民営化も全国各地に広がりました。保育の中心は公立から民間へと移行し、それによる弊害がさまざまな形で表出するようになりました。

ごく一部ではありますが、子どもや職員のことよりも営利をあげることを優先し、食材費や遊具などにかける経費や保育者の賃金を過剰に抑制したり、職員数を水増しするなどして補助金を不正に受給したり、本来はその保育施設で使われなければならない補助金を他の事業に転用する事業者が現れました。

縮小の一途をたどる公立保育園では、新規採用がおこなわれないことが常態化し、保育者の高齢化が進みました。財政難を理由に正規から非正規への置き換えも進みました。施設の老朽化も深刻で、あちこちがボロボロで、雨漏りがあたり前でも十分な改修がおこなわれていないという話も耳にするようになりました。

今、保育現場には、このような「歪み」が数多く生じています。それらが不適切保育の直接的な原因とまでは言えませんが、少なからず影響を与えているとはいえるのではないでしょうか。

●保護者も苦しい

ずいぶん前の話ですが、保育園に対する要望がとても多い保護者がいて、担任はもちろん、他の職員も対応に苦慮していました。「おっしゃる通り」という要望もありましたが、「そこまで言う？」と首をかしげざるを得ないものもありました。言い方の厳しさも気になりました。「この保護者はどうしてこういう言い方をするのだろう？」と思うこともしばしばありましたが、この保護者の職業を知り、少しだけわかった気がして、私の見方は変わりました。

この保護者は、会社の苦情担当の部署で働いていたのです。ここからは私の想像ですが、毎日、朝から晩まで客からのクレームを受け、お詫びしながらあれこれ説明しているとしたら、ストレスは溜まるでしょうし、自分もどこかでクレームをいいたくなることもあるでしょう。

先ほど、日本の保育園は働く保護者のための施設という色合いが濃いと書きましたが、保育園が開園している時間は、保護者が働いている時間と密接にかかわっています。日本の保育標準時間は11時間。先進国では例がないほど長いと言われています。これも保護者の通勤時間と働いている時間を合わせたらそれくらい必要だろうというところからきていますし、11時間を超える延長保育や、それをさらに超える夜間保育も、その時間まで保護者が働いているから必要になるわけです。休日保育、病児・病後児保育などが実施されているのも同じ理由です。

20時までの夜間保育を実施している保育園で働いている保育者から聞いた話です。夜間保育を利用する世帯が激減した年があって不思議に思ったそうですが、後日、年長クラスで利用していた上の子が小学生になり、小学生をその時間まで預かってくれるところがないため、保護者が仕事時間を調整し、それにより激減したことが判明したそうです。

日本の保育制度は、保護者のニーズに合わせて、保育日を増やし保育時間を延ばしてきました。しかし、保育日を増やせば増やすだけ、保育時間を延ばせば延ばすだけ、新たなニーズが生まれます。今の保育園はこのジレンマから逃れることはできません。

たくさん働きたい、たくさん働かなければならない保護者は間違いなくいます。でも、働く時間が長くなればなるほど、子どもと一緒に過ごせる時間は短くなり、一度しかないその時期のその子の成長を見逃してしまうことが増えます。忙しい保護者はこのジレンマから逃れることができません。

日本の保育者の労働時間が長いのは、保護者の労働時間が長いからで、その分、保護者もたくさんのストレスを受け、悩み、苦しまなければならなくなります。

そう、保育者も苦しいけれど、保護者も苦しいのです。そこを双方が理解し、互いをいたわり合う関係をつくらなければなりません。保育者や保護者の苦しみは、子どもにダイレクトに伝わるからです。

●子どもだってつらいよ

私が働いている保育園の保育時間は7時15分から19時15分までなので、早番は7時前に出勤して、受け入れの準備をします。19時15分まで子どもがいるので、延長保育を担当する保育者が、片づけや戸締りを済ませて保育園を出るのは19時30分以降になります。

ニュージーランドの保育園や幼稚園は「テーブルセットアップ」といって、子どもが降園した後、子どもたちが楽しく過ごすために、テーブルに遊具や道具や素材を並べるなど、翌日の環境設定をおこなうのがスタンダードで、実際に現場を見せてもらい、その種類の多さや美しさに驚嘆しました。そういうことが可能なのは、16時30分にはほとんどの子どもたちが降園しているからで、日本の保育園にはそんなことをする時間はもちろんありません。

「テーブルセットアップ」の足元にも及びませんが、早番の時は、子どもを受け入れるまで若干時間があるので、簡易ではあるけれど、私も「こんなのをこんな感じで並べて置いたら喜んでもらえるかも?」と思いながら、いくつかセットアップして最初に登園する子を迎えるようにしています。

延長保育の時間には、「ここだけの話」をしたり、「この時間にしかできないあそび」をするなどして特別感を醸し出すようにしています。登園数が大幅に減る土曜日も同様です。

保育者の労働時間は長いとはいえ、残業がなければ1日8時間、週に5日の勤務となります。しかし、それよりも長い時間、多い日数、登園している子どももたくさんいます。朝一番で登園した子も、最後まで残る子も必ずいて、中には、自分だけしかいない悲しさや寂しさを感じる子もいます。だからこそ、私は、「最初に登園したからこのおもちゃを独占できた」とか「最後まで残っていたから、こんなお楽しみが待っていた」と思ってもらうために、自分にできることをしたいと思います。でも、私にできることはその程度のささやかなことにすぎません。実際、早番の日はほとんどの子どもよりも早く帰るし、遅番の日はほとんどの子どもより遅く出勤しています。

保育者よりも保育園に長くいる子どもがいます。だからこそ、保育のすべての時間を楽しく過ごせるようにしなければならないと強く思います。でも、そのために私たちがいくら努力しようが抜本的な解決にはならないのも事実です。この問題については後ほど改めて検討しますが、子どもたちもあれこれつらいし、そこをいかにすれば軽減できるかを考えることも保育者の大きな役割だと思います。

2 保育者・保護者がワクワクできずに子どもたちがワクワクできるはずがない

つらい時代だからこそ……

保育者にも、保護者にも、子どもたちにもつらい時代です。でも、つらくない時代など、これまでも存在しなかったわけで、どんな時代でも、保育者も、保護者も、子どもたちもたくましく生きてきたわけで、こういう時代にあってもワクワクできる保育を展開できる可能性は十分あります。実際、私はいろいろあってもワクワクし続けていますし、保育者は保育の中でワクワクしなければならないし、保護者にもワクワクしてもらわなければならないと思い続けています。保育者や保護者がワクワクできずに、子どもたちがワクワクできるはずがないからです。ここでは、保育者と保護者がワクワクできる方策を考えていきます。

●ちかちゃんと私とアタッチメント

保育でワクワクするには、子どもと保育者の信頼関係は必須条件です。加えて、子どもと保育者の関係を土台に、保護者と保育者の間でも信頼関係が構築されなければなりません。上司や同僚など周りの保育者の理解も必要になります。

3歳児クラスから担任となり、卒園まで一緒に過ごしたちかちゃんが2歳児クラスの時のことです。その日の保育を終え、自転車を押して保育園の外に出ると、ちかちゃんが目の前の公園の柵にしがみついて「かえらな～い」とママを困らせていました。公園で同じクラスの子とお母さんがあそんでいたので、ちかちゃんもあそびたくなってしまったのです。でも、これからがママの忙しい時間帯。早く帰りたいママは説得を続けますが、ちかちゃんは頑として受け付けません。

「ここは出番」と思った私は、ママに「まかせて！」とひと声をかけ、次にちかちゃんに近づいて、かわいい瞳をじっと見つめながら、「抱っこしてあげるからおいで！」と両手を伸ばしました。ちかちゃんはすぐに柵から手を放し、私に体を寄せ、そのまま両腕の中に収まりました。そして、ママの自転車に近づき、「ここに乗せればいいの？」と聞いてから、そっとチャイルドシートに座らせました。とたんに、ちかちゃんの表情は曇り、体をくねらせて不快をあらわにしました。なので、「じゃ、そこまで一緒に帰ろうか？」と声をかけ、ちかちゃんが座るチャイルドシートに自分の自転車を横付けしました。ちかちゃんは嬉しそうに前を向き、2台の自転車は保育園前の私道をゆっくり進みました。その間、ちかちゃんはほほえみながら私を見つめ、私も同じようにほほえみながらちかちゃんをみつめ、公道にでたところで、「またね！」と言って左右に分かれ、私もちかちゃんのママもペダルに足をかけてグイっと力を入れ、別々の方向に走っていきました。

この程度のことなら、たいていの保育者にもできるわけで、私に特別な力があるわけではありません。でも、ママでも難しいことを、担任でもない私がいとも簡単にできてしまったのは、紛れもなく私とちかちゃんの間にアタッチメント（愛着）が形成されていたからです。

たまにしか顔を合わせないのに、私がちかちゃんとアタッチメントを形成できたのにはもちろん理由があります。気に入ってもらえたからです。ちかちゃんの気持ちを理解し、共感しながらスキンシップをはかり、さらに、あの手この手でたくさん笑っていただいたからです。

ちかちゃんが1歳児クラスの時のとある場面の話です。私が1歳児室に手伝いに入った直後、友だちが使っているおもちゃがほしくなったちかちゃんは強引に奪い取りました。近くにいた新人の保育者は、即座に「ちかちゃんとっちゃダメでしょ！」と声をかけました。その直後、私を見つけたちかちゃんは、強奪したばかりのおもちゃをその子に返して私のところに飛んできました。なので、私は「ちかちゃん、おもちゃ返せたね。偉かったね。」と声をかけて抱きしめました。

まあ、これも普通の対応ですが、その日の休憩時間、新人の保育者が私のところにやってきて、「さっきの先生のちかちゃんへの対応を見てハッとしました。あそこはちょっと待って、その後、褒めてあげるべきでした。勉強になりました。」と話してくれました。

とにもかくにも、一緒に過ごす機会は少ないものの、ことあるごとに肯定的な言葉を投げかけつつ、抱っこしたり、おんぶしたり、じゃれついたりをくり返しました。

あそびの場面では、真四角のデュプロブロック（レゴブロックの大型版）を二つ持って後ろを向き、そのブロックを目の下のくぼみと眼球の上に挟み込んで振り返り、「わあ～っ」と叫ぶというのを繰り返しました。最初はびっくりしたちかちゃんですが、2回目からは大笑い。「もういっかい、もういっかい」とせがんでくれました。ままごとの食べ物を「おいしいよ」と持ってきてくれた時は「どれどれ……」と言って口に運ぶ真似をすると、ちかちゃんは「おいしい！」と言ってくれるのを期待して私の顔をじっと見つめるわけですが、私はわざとその期待に反して「おえ～っ」と吐き出す真似をしました。やっぱり、ちかちゃんはびっくり。そして、2回目からは、「おえ～っ」のリアクションを期待して、「もういっかい、もういっかい」とせがんでくれました。

そんな交流を繰り返す中で、私はちかちゃんとアタッチメントを形成できた実感を得るに至りました。

『子どもの心は大人と育つ』（篠原郁子著、光文社新書）という本は、アタッチメント理論をもとに、子どもと大人のかかわりの中でどのように心が育っていくのかがわかりやすく書かれている名著ですが、その中でメアリー・エインズワースという研究者が論じた、アタッチメント関係が安定している子どもの養育者が示す行動の根底にある４つの共通点が紹介されていました。

①子どもが示すシグナルに対して敏感である
②子どもが今やっていることに協力的でいる
③子どもにとって心理的、物理的に利用可能である
④子どもの要求に対して受容的である（否定的ではない）

この４つはどれも大切なのですが、とりわけ①の「敏感性」が大事だといいます。自分でいうのもなんですが、たぶん、私はちかちゃんが示すシグナルを敏感に受け止められたのだと思います。

ちなみに、私は3歳児クラスからちかちゃんの担任になり、卒園までの3年間、一緒に過ごしました。もちろん、私とちかちゃんのいい関係はずっと続きました。

●ちょっとズラす

自我に目覚め、充実し、拡大していく1・2歳児は、ものの取り合いなど小さいぶつかり合いが頻発します。ちかちゃんへの対応の続編みたいな話ですが、「それ、ちかちゃんの！」「かえして！」などとちかちゃんが目じりを吊り上げた時、私はまず、ちかちゃんの側に立って「そうだよね！」と思いを受け止め、次に「もーっ、怒っちゃうよね！」と共感していることを伝えます。ここまでは普通ですが、ここからが私オリジナル。「こうなったら、やっちゃおうか？」と提案します。それで、ちかちゃんの顔がちょっと緩み、それを確認したら、「せーの！」とかけ声をかけ、グーに握った両手をおでこの上に持っていき、ちょ

うど猫やネズミなどの耳のような感じにして「プンプン！」と声を出します。ちかちゃんも同時に「プンプン」と言って同じポーズをします。

これは、昭和の時代、ぶりっ子キャラで一世を風靡《ふうび》した「さとう珠緒」の芸（？）ですが、1・2歳児に「もう怒っちゃうからな！」と言ってから、「プンプン」とやると、ちょっと険悪な場の空気が変わって、笑顔が広がるのです。

子ども同士のぶつかり合いの中には、たいした理由ではないことも多く、そういう時にこの手は有効です。そして、「プンプン」に対する共振、共鳴は瞬く間に広がり、ちかちゃんと2人で始めた「プンプン」に、気がつくと4人も5人も加わっていたりします。それくらいの人数で声をそろえて「プンプン」とやれば、もう楽しくておもしろくて、その前どんなことでもめていたかなんて忘れてしまうというわけです。まあ、5歳児が本気でぶつかり合っているときにはまったく通用しませんが……。

「プンプン」のほかにもいろんなバリエーションがあります。たとえば、「それは、ちょっとどうかなあ～」と言いたくなった時は、これまた古くて恐縮ですが「ちょっと、ちょっと、ちょっと！」と双子のお笑い芸人「ザ・たっち」のギャグを使い、つまらないことでもめたり、怒ったりしている時は「ちっちゃいことはきにするな　ワカチコワカチコ」とこれまた忘れ去られた芸人「ゆってぃ」の芸を使います。どちらも声だけでなく、身振り手振りも加えるというのがミソで、2歳児や3歳児は、こういうのに乗ってくれる子が多いので、そういう場で多用していますが、4・5歳になると「また、アホなことやってるよ……」と軽べつのまなざしでみられたりします。でもしつこく繰り返すことで、子どもたちの中の私に対する寛容さが広がり、一緒に楽しんでくれるようになります。なので、私は白い目で見られ続けようが、「プンプン」「ちょっと、ちょっと、ちょっと！」「ワカチコワカチコ」などを多用し続けます。

ちょっとイラっとした時に、少しムッとなった時に、私が繰り出す昭和のギャグで笑ってしまい、一緒に楽しんできたからこそ、ちかちゃんは私のことを大好きになってくれたのだと思います。

こんな感じで、子どもに注意したり、子ども同士の争いの間に入る時、「もーっ、プンプンしちゃうからな！」とか「ちょっと、ちょっとちょっと！」とか1人でいうバージョンと、「プンプンしちゃおうぜ!!」「〝ちょっとちょっとちょっと〟やっちゃおうね！」などと子どもたちを誘って一緒にやるバージョンがあります。

ある時、私のそんな話を聞いてくれた北海道大学の川田学さんが「髙橋さんには、そうやってズラす実践がいっぱいあるんだよね」と言ってくれました。「ズラすね……。客観的に見るとそうなるのか……」と納得しました。

子どもが怒っている時、あるいは保育者が子どもを叱る時、子どもと保育者が正面で向き合って対峙してしまうと、感情がぶつかって逃げ道がなくなってしまいがちです。大したことではないのに、お互いに引けなくなって負のスパイラスに陥るなんてことを私は何百回と経験しました。負のスパイラルに陥らないようにするにはどうしたらいいか、そうなってしまった後に猛省し、真剣に考えました。そんな中で編み出したのが川田さんのいう「ズラす」という手法です。

そうすることで、叱られる側は、自分の何がいけなかったのかを理解しつつも、追い込まれることなく切り替えられるし、叱る側もわかってもらいたいことを伝えられたんだから、これでノーサイドにしようと思えるのです。ずっと叱っている、ずっと叱られている、ずっと反目し合っている……という状況を回避できるわけです。

ズラす形は他にもあります。たとえば、正面から向き合うことを避け、横に腰かけ、同じ方向を向きながら話すようにするという手法です。そうすることでぶつからないようにするわけです。

とにもかくにも、ピンチの時、あるいはピンチになりそうな時、方向をちょっとズラして、ニヤッと笑える状況をつくることができれば、子どもとの関係でイライラしたり、悲しくなったりすることが激減するし、ピンチをワクワクに転換できるのです。

●安楽さの追求

京都教育大学名誉教授の加用文男さんは、生前、たくさんの名著を世に送り出しました。その中に『「遊びの保育」の必須アイテム』（ひとなる書房）があります。この本は私にとって特に大切な一冊です。あとがきに、「東京の公立園の男性保育者・髙橋光幸さんには数年にわたるメールのやりとりなどで文案のいくつかについて重要な示唆やアドバイスなどもいただきました。」と書いてくれたからです。そう、私が部分的にお手伝いしたことになっているのです。市井《しせい》の保育者でしかない私が、加用さんのような達観した研究者に重要な示唆やアドバイスなどできるはずありません。ではなぜ、こんなふうに書いてくれたのでしょうか？　最初は私にもさっぱりでしたが、あれこれ考えてひとつだけ思い当たる節を見つけました。「安楽さ」という表現に関するやりとりです。

加用さんは、何年も続けた私との往復書簡の中で、たぶん無意識にですが「安楽さ」という言葉を何度も使っていました。「安楽」とは、安心できて楽しい心持ちのことですが、私は、保育をするうえで、この視点はものすごく大事だと伝えました。加用さんはちょっと驚いたようでした。そして、この言葉をその本にこんなふうに登場させました。

「保育という営みを私なりの言葉で一言で表せばそれは安楽さの追求です。」

私の示唆とアドバイスというのはきっとこのことです。保育園、幼稚園をはじめ、子どもたちが過ごすすべての施設は、なによりも安心できて楽しい心持ちで過ごせる場所でなければなりません。だから、究極的には安楽さの追求が保育だと私も思います。不安が強かったり、まったく楽しくなかったら、保育にワクワクしようにもできません。ワクワクできる保育には、何よりも安楽さという下地が必要なのです。そして、安楽さが必要なのは、子どもだけではありません。保育者にも保護者にも必要なのです。だから、保育者は、それぞれの安楽さをどのようにつくり出すかを考えながら、自らも安楽さを感じつつ保育することが大事だと思います。

そんなわけで、以来、私の座右の銘は「安楽」になりましたが、今回の本を機に「ワクワク」にしようかなと悩み中です。

●クラスだよりの力

私は30年以上、ほぼ毎日クラスだよりを綴る生活を送ってきました。そんなわけで、クラスだよりを綴るのはライフワークと言っても差し支えなく、30代で初めて書いた本も、40代で出した2冊目も主題はクラスだよりでした。

なぜ、クラスだよりを綴るのか、どんな内容なのかなどについては、拙著『「クラスだより」で響き合う保育』（かもがわ出版）に書いたので、ここでは簡単に触れます。

クラスだよりは、その日の保育を振り返り、最も印象に残ったことやぜひとも伝えたいことを綴り、プリントして保護者に配布し、読んでもらうことが主たる目的です。その日、子どもたちがどんなふうに過ごし、どんなことが起こり、保育者はそれをどうみて、どう考えて保育したかを伝えることで、保育を理解してもらうとともに、互いの信頼関係を深めることができます。さらに、自分の子どもだけでなく、他の子どもたちを愛おしく思ってもらうこともでき、保護者同士の信頼関係の構築にも一役買うものです。

連絡帳もこれに近い効力を持っており、それはそれで大事です。ただ、担任とその保護者だけのやりとりにとどまるため、意見を交換できるというメリットはあるものの、他の保護者に広げ、保護者間の信頼関係を深めることはできません。

ニュージーランドの保育施設を訪問した時、どの施設にも目につきやすい場所に、一人ひとりのラーニングストーリーが並べられていました。ラーニングストーリーは、ニュージーランド特有のドキュメンテーションであり、子ども一人ひとりの成長の記録です。保育者がその子をどうとらえているか、その子が友だちとどういう関係なのかなども記録され、誰もが気軽に読むことができます。私が綴るクラスだよりと共通点が多いと感じました。

そして、ここもラーニングストーリーに共通しますが、クラスだよりにはリフレクション（振り返り）という大きな効能もあります。自らが綴ったものを読み返し、自分の子どもの見方や保育に対する考え方などを振り返り、成果や課題を明らかにして今後の保育につなげられるのです。

クラスだよりに対して、保護者はいろいろ意見を寄せてくれます。最初の頃にいただく意見で多いのは、「うちの子の名前がなかなか出てこないんですけど……」というものです。たいていは気づいているので「その通り」と受け止めるのですが、特定の子どもの名前が出てこないのは、私にその子のことが見えていない証です。だから、そう言われたり、言われなくても自分で気づいたら、保育中にその子のことをよく見ようと意識でき、そうやって意識するといろいろ見えてきて、クラスだよりにも登場していただけるようになります。

そして、ここから先がおもしろいのですが、「うちの子の名前がなかなか出てこない」という声は、数カ月後にはぱたっと出なくなります。自分の子どもの名前が出てきた時の保護者のうれしい気持ちは変わりませんが、出てこなくても不満はなくなるのです。自分の子どもがいとおしいのと同じように、他の子どもたちもいとおしく見えるようになり、自分たちの子ども、自分たちのクラス、自分たちの保育園という思いがどんどん強くなるからです。保護者の方々がそんなふうに変わってくれるわけですし、そもそも毎日の保育が楽しいのですから、私が書いたクラスだよりをワクワクしながら読んでくれる保護者のことを思い浮かべながら綴ることに、書き手の私がワクワクしないはずはありません。

段取り力を磨く

クラスだよりを綴るのが楽しいと言っても、綴る時間を捻出するのは難しいという保育者が大半だと思います。保育者の数は足りないし、子どもの数は多いし、保育時間は長いし、休憩すら満足に取れないのだから、クラスだよりにまで手が回らない……。そんな声があっちからもこっちからも聞こえてきそうです。その通りだと思います。

でも、それができたらいいと思う保育者もいるはずです。そして、多少の努力と工夫でそれができるとしたら、チャレンジしてみようと考えてくれるでしょうから、ここで私の秘技を披露しましょう。

保育にワクワクしっぱなしなので、私が一番好きなのは保育と言って差し支えないのですが、保育以外で好きなこと、趣味的なものは、この後触れる「読書」もありますが、それ以上に頻繁におこなっていて、もしかしたらそれ以上に好きなことがあります。料理です。

食べることも、飲むことも好きな私は、安くておいしい居酒屋に通うのも好きですが、「今日はウイスキーが飲みたい」「海外で飲み食いする気分を味わいたい」とか、その日の気分に合わせて、あるいは、その日の冷蔵庫の中にあるものの賞味期限に合わせて、献立を考え、買い物リストを作成し、それを持って近所のスーパーに出かけて、食材を購入します。リストにあげた食材が思っていた以上に高かったり、売っていなかったりしたら、代替の食材を考えたり、献立を練り直したりします。臨機応変さも求められるわけです。

さらに、どの調理から手を付けるか、洗い物はどのタイミングでおこなうかなどの段取りを考えます。

炊飯器をセットして、「勝負だ！」と叫んで、ご飯が炊きあがる前にすべての料理をつくり、洗い物も済ませ、炊飯器に向かって「勝ったぜ！」と勝利宣言するなどして遊ぶこともあります。

これらの一連の作業は、保育に通ずるものがあると、私は常日頃から考えています。今、子どもたちがどんなことに興味を持っているか。今、自分が子どもたちにどんなことを伝えたいか、保育のメニューの検討はそこから始まるわけですが、そこからその日の活動の柱や保育の流れが導き出されます。そして、必要な道具や材料を用意したり、環境を設定したりするわけですが、道具が足りなかったり、切れていたら、代替になるものを用意したり、内容を少し変更するなどしなければならないし、子どもたちの反応がいまいちだったり、朝から全然違うものに関心を抱いていたりしたらメニューそのものを見直すといった臨機応変さが求められます。

ここで必要なのが段取り力です。私は、前日や当日の朝、その日の保育の流れや必要なものを確認するだけでなく、その日の子どもたちが昼寝をしている時間におこなう仕事、休憩時間に考えておくべきこと、夕方の時間の使い方など、おおまかなスケジュールを立てるようにしています。もちろん、予定通りにいかないこともありますが、その時になって、何をしようかとか、何をすべきかと考えることが少ないので、その分迅速に行動できます。段取り力のなせる業です。

私は、保育園の仕事以外にも、ものを書いたり、しゃべったり、研究団体や労働組合の集まりに参加するなど、やらなければならないことが山ほどあるので、常に、どうやって時間を有効に使うかを考えざるを得ない状況に置かれ続けてきました。それにより段取り力を磨くことができました。ここを磨けば、クラスだよりの1枚や2枚を綴れるゆとりをつくりだすことができるし、ワクワクする時間に注力することもできるようになります。

保育を学ぶ、学び続ける

段取り力を磨くには、あれやこれやと考えることが必要で、考えるためにはそれなりに知識を蓄える必要があります。知識を蓄えるために必要なこと、それは一にも二にも学習です。

保育者の中にも心理学に詳しかったり、教育学を深く学んでいたり、絵画や体育や音楽の技能がやたらと高いなど、研究者や専門家の領域に到達しているような人がいます。でも、私を含む保育者の多くは、主に子どもへの愛情と体力で勝負する人たちなので、これも人によりますが、大なり小なり研究者に対して畏敬《いけい》の念を抱いているように感じます。

畏敬の念を抱くこと自体は、決して悪いことではありません。でも、そこが過剰になるといろいろ問題が生じます。研修で聴いた講師の話を十分咀しゃくすることなく、1から10まで信じてしまうとか、自分のクラスの子どもをちらっと見ただけの心理相談員の言葉を鵜呑みにしてしまうとか、研究者や専門家の言うことを神の啓示のごとく思って盲目的に追従してしまうことなどです。

近頃は、「アクティブラーニング」とか「主体性（agency）を育てる」など、自分で考えることや、子ども同士で考え合うことの重要性が叫ばれています。しかし、裏返せば、これまでの教育はそこが足りなかったと言っているわけで、教師が知識や技術を一方的に教授すること、すなわち、上意下達の教育が普通だったのです。私もそういう教育を受けてきた一人ですが、多くの保育者がそういう教育を受けてきたので、権威のある人から言われたことを、矛盾を感じることなく受け入れてしまうケースが多いように思います。

上から「子どもたちの主体性を育てなさい」という声が繰り返し降ろされる状況の中で保育していると、あまり考えないまま「そうしなくちゃ」と受け止めてしまいがちな気がします。主体性を育てることを主体的に考えずに、子どもに主体性を育てることは可能でしょうか。私は難しいと思います。

「主体性を育てる」というテーマは、2022年10月、経団連が『「次期教育振興基本計画」策定に向けた提言』で、「主体的な学びを通じ、未来を切り拓くことができる多様な人材の育成」を求め、それを受けた政府が、文部科学省が教育現場に奨励していることや、OECDが2019年5月に発表した「OECDラーニング・コンパス（学びの羅針盤）」が、中心的な概念に「主体性（agency）」をあげ、「変化を起こすために、自分で目標を設定し、振り返り、責任をもって行動する能力」と定義しているなどの流れがあります。

しかし、「主体性も大事だけれど客体だって大事」という議論もあるし、「乳幼児期の場合は主体性と呼ぶよりも能動性という言葉のほうがふさわしい」という意見もあります。

「主体性」という言葉ひとつをとっても考え方はいろいろあるので、やはり、主体的に考えて、自分なりの答えを出さなければならないと思います。だから、安易に受け入れるのではなく、よくよく考える必要があり、そのためには、自分で調べたり、専門家の話を聞いたり、保育者同士で議論するなどしなければならず、それら一つひとつの行為が学ぶということです。

保育の資格は取得したものの、実践に活かせる知識も技術もまったくといってよいほどもっていなかった私は、それまでの乏しい人生経験に基づいて保育するしかありませんでした。なので、すぐに壁にぶつかり、このままじゃダメだと思いました。そんな時、先輩が保育の学習会に誘ってくれたのを機に、全国幼年教育研究協議会という民間の小さい研究団体の集団づくり部会の末席に座らせてもらいました。ここでの学びは40年経った今でも続いていますが、当初、墨田区から参加していたのは私だけでした。会に参加すればいろんなことを教えてもらえて、明日からの保育をがんばろうという気持ちになれました。でも、保育に疲れた夜に、電車に乗って会議がおこなわれる場所まで出向くのが億劫になり、足が遠のいた時期もありました。これではいけないと思いつつも、学びたい自分がさぼりたい自分に連戦連敗でした。そんな中、私にも後輩ができ、後輩たちに一緒に学びに行こうと声をかけました。応じてくれる後輩が数名いてくれたことで、「誘っている本人がさぼるわけにはいかない」というモチベーションが生まれて、会に参加し続けられるようになりました。結果として、後輩たちをだしに学び続けることができたのです。

そこは集団づくり部会なので、学ばせてもらう内容は集団づくりの理論や方法論で、それがのちに私の保育実践の背骨になったのですが、集団づくりを学ぶことを柱にしながら、美術教育や体育など、他の部会の先達からもいろいろ学ばせてもらい、自分の保育に対する知識や技術を広げることができました。

保育を学び始めた頃、当時、大阪教育大学で教鞭をふるっていた秋葉英則先生の本の中のひとつの格言に目が釘付けになりました。

「学ぶとは我にやさしさを刻むこと」

私は、自分自身にやさしさが足りないと自覚していました。いつの日か、やさしい保育者になりたいと願っていました。だから、この言葉が響いたのだと思います。なので、やさしい保育者になるために学び続けてきました。その後、少しずつ少しずつ、自分の体内にやさしさが刻まれている実感を得られるようになっていきました。やさしい保育者といっても、やさしさとは何か、どのような態度がやさしさを表しているといえるのかなど、微妙な問題はあるものの、それでも私は、学び続けてきたからこそ、多少はやさしい保育者になれたと思うし、それによってワクワクできる時間も増えたと思います。

●読書のススメ

ほぼ毎日クラスだよりを綴る生活を30年以上続け、こういう本も出すくらいなので、私は、ものを書くのが好きです。小学生のころから作文が好きで、作文の時間になると何を書こうかなと考えてワクワクしたことを覚えています。他の勉強はほぼ嫌いで苦手でしたが……。中学生の時の国語の先生、この先生はのちに私が保育者のなることを後押ししてくれた人ですが、私の文章を評価してくれつつ、文章力をあげるために「本を読め、とにかくたくさん読め」とアドバイスしてくれました。しかし、当時の私はそれに応えようとはせず、読むものといえば漫画一択でした。

保育者となり、当時の男性保育士は、動物園のパンダのような珍しい存在で、好奇の目にさらされたり、過剰に期待されたりしていることを感じつつ、あれもこれもわからない自分、まともに保育できない自分を痛感しました。学び始めて、その思いはいっそう強くなり、危機感にさいなまれました。「何かしないと……」という焦燥感が、読書嫌いだった私を読書に向かわせました。

最初の頃は、勧められた本を読む、今の保育に必要な本を読むというスタンスでした。今まさにそんな気持ちでこの本を開いている人もいるかもしれません。おもしろいからとか、読みたいから読むのではなく、必要に迫られ、読まなきゃならないというスタンスで読むのですから、これは苦行です。だから、ページもなかなか進まず、1冊を読み終えるまでにかなりの時間を要しました。そんなことを繰り返すうちに、「ここはおもしろい」とか「この本はかなりためになった」などと思える本とも出会えるようになりました。するど、本を読むことがだんだんおもしろくなってきて、月に2度、3度と本屋を訪れるようになり、教育や心理の本にも手が伸びるようになりました。そのうちに、本屋に出向くと、平積みされた本の表紙や本棚の背表紙が「手に取ってごらんよ……」と呼びかけてくれるようになりました。それで本屋に行くことが楽しくなって、新たな知識を得られるのもうれしくて、新書の新刊コーナーで、お気に入りの1冊を見つけるために集中できるようになり、歴史、旅、料理などに関する本も手に取るようになりました。気がつけば、読書は趣味になっていました。

いくら本を読んでも、内容に感銘を受けても、私の場合はすぐに右から左へと消えていき、長期記憶にはまったく定着しません。でも、川上から流れてきた砂が、河口付近の川底に少しずつ溜まっていくように、読書を繰り返すことでさまざまな知識が私の中に溜まっていくような感覚はあります。中には、保育とは全然関係のないものもありますが、保育に活かせるものもそれなりにあります。そうやって読んで学んだことが保育のワクワクにもかなり関係していると思います。

そんなこと言ったって、本屋に通う時間も、読む時間もなかなか捻出できないという人も多いのではないでしょうか。私も、仕事が終わって帰宅したら、夕飯をつくって、食べて飲んで寝るだけです。大体、疲れているし、帰宅したらリラックスしすぎちゃうので、なかなか本を読む気になれません。なので、私は、ちょっと用事がある時の隙間時間に喫茶店に入って読んだり、電車やバスで出かけるときに読むなどしています。保育園の休憩時間に本を開くこともあります。ここでも段取り力を発揮できれば、本を読む時間を捻出することは可能です。おすすめの本を何冊かピックアップしたい気持ちがこみ上げてきますが、人から薦められるものよりも、読んでみたいと思う本と出会うほうが大事なので、それはやめておきますが、本に声をかけてもらえる感覚を味わえるようになると、本当に読書が楽しくなります。ページをめくってワクワクするという読書の醍醐味もぜひ、味わってもらいたいと思います（この本では、ページをめくってもそんな気分になれないかもしれませんが……）。

●あそべる大人になる

研修や学習会などに出かけて学ぶこと、読書を通じて学ぶことは、保育にワクワクする上でもちろん大切ですが、一番大切なのはあそぶことだと心得ます。

私は「あそび」に関する本もいろいろ読んできましたが、私には十分読みこなせない本ともたくさん出会い、その度にモヤモヤしていました。あそび論の歴史的名著と呼ばれるホイジンガ『ホモ・ルーデンス』、ロジェ・カイヨワ『遊びと人間』、どちらも読んだものの難解で困っているというような話を加用さんにしたら、「読んで、とは言わないで、持っておいて、という意味で添付します。」という言葉とともに、それらにかかわる論文を送ってくれたことがありました。その最後に書かれていた一文に私はグッときました。

「遊びの視点をもって子どもたちの衣食寝行為をも含めた生活全体を見ていくことと、伝統的な遊び活動の充実をはかることの両立を目指すべき時代が来ている。（中略）これは、子どもはもちろん遊ぶために遊ぶのだけれど、それは遊べる大人になる（両輪的な意味合いで）ためでもあるという子ども観がさほどに違和感なく受け入れられる時代がやがてやってくるだろうという予測にも基づいている。」

私の中で、「子どもの遊びは、遊べる大人になるためでもある。」という加用さんの言葉が、エレン・ケイが『児童の世紀』で主張した「子どもと遊ぶことができる人だけが、子どもを教育することができる。」という言葉と重なりました。

子どもはあそぶ存在です。そして、その子どもに自分の持てる「あそぶ力」を存分に発揮してもらえるようにするためには、保育者もあそべなければならないと思うのです。

「OECD国際幼児教育・保育従事者2018調査報告書」は、保育現場を調査・分析した結果を報告するものですが、その中の「実践を通して子供たちの学び、育ち、ウェルビーングを支える」というところに、こんな記述があります。

「（日本の）遊びを促す実践は、参加国平均と同程度か高い傾向があり、『保育者は子供の遊びに加わっているときに楽しそうにする』は、78・4％と特に高かった。」

北欧、中欧などの保育先進国は、日本と比べ、子どものあそびの環境が充実しているというのが私の印象です。日本にもそういう施設が増えているようですが、私が働いている公立保育園は、そういう点ではまだまだです。でも、自分を含め、保育者は子どもとよくあそんでいると、ずっと思ってきました。なので、こうやってデータで示されると、「やっぱり……」と確信するわけです。

日本の保育はさまざまな問題を抱えています。でも、すばらしいところ、優れたところもたくさんあります。私は、その中の一番こそ、保育者が子どもとよくあそぶことだと思います。よくあそぶだけにとどまらず、楽しそうにあそぶことだと思います。

子どもが楽しいからあそぶことに加えて、あそべる大人になるためにあそんでいるのだとしたら、保育者はあそべる大人として、子どもたちに手本を示さなければなりません。子どもとよくあそぶこと、楽しくあそぶことが手本となるのです。だから、子どもとよくあそび、楽しくあそべば、そこにワクワクは必ずついてきます。保育者に必要なことはいろいろありますが、一番は、あそべる大人であることではないでしょうか。

●コラム3● 神が降りてくるのか悪魔がささやくのか（中動態の世界）

私は、還暦を超えてもなお、あそびすぎ、ふざけすぎと叱られることがあります。なので、あそべる大人を自認しています。そして、あそべる大人になると、突然、神が降りてきて、「こんなふうにあそんだらおもしろいよ」と啓示してくれたり、悪魔がやってきて「ふざけちゃえ、あそんじゃえ」と耳元でつぶやいたりするようになります（個人差あり）。

神とか悪魔とかいうと、スピリチュアルな感じがしますが、ちょっと前までは、保育をおもしろがろうと思い続けてきたこと、そのために学び続けてきたこと、そして、ワクワクし続けられたことで、私もいよいよ悟りの境地に達し、それにより、神や悪魔が降臨するようになったのだと考えていました。

でも、『子どもの遊びを考える「いいこと思いついた！」から見えてくること』（佐伯胖編著、北大路書房）という本を読んで考えが変わりました。この本は、子どもが「いいこと思いついた」とひらめくことを「中動態」という概念で説明していました。「中動態」については、『中動態の世界――意志と責任の考古学』（國分功一郎著、医学書院）という本で、より詳しく説明されているのでそちらも読みました。それでもこの概念をしっかり理解できたかと言われれば全然ですが、私の元に神が降臨するのも、耳元で悪魔がささやくことも、中動態という概念を使えば説明できるのです。

中動態をわかりやすくひとことで言えば、「形は能動態だけれども受動態の意味を表す態」で、アイデアを思いついたのは私（能動態）ですが、同時に私はそのアイデアを「それ、いいなあ」と受け止めている（受動態）わけで、能動なんだけど受動しているから中動態ということになります。

わかったようで、わかっていないようで、なんとも中途半端なのですが、神が降りてくるのでも、悪魔がささやくのでも、中動態でも、ともかく、保育にワクワクしていれば、おもしろいアイデアが次々と思い浮かぶのは事実です。

●乳幼児期の子どもの意見表明権について考える

児童福祉法もこども基本法も日本国憲法と子どもの権利条約の精神にのっとってつくられています。

保育は児童福祉法に基づく事業で、24条第1項には、自治体の保育実施責任が規定されています。国や自治体には、保護者の就労や就学や疾病などで、保育を必要とする子どもを保育園において保育する責任があると書かれています。こども基本法には、すべての子どもの人権が守られること、すべての子どもは平等に教育を受けられること、そしてすべての子どもは年齢や発達の程度に合わせて意見を尊重されることが書かれています。

国や自治体は、保育園で、子どもが楽しく生活できてすこやかに育つよう努力しなければならないし、その際には、子どもたちの意見をしっかり聞き、その意見を施策に反映させなければならないのです。

そういう流れが少しずつ進んでいると感じられないこともありませんが、その歩みは遅く、まだ手がつけられていない問題も山積みだと感じます。地域差はありますが、子ども一人ひとりの意見をていねいに聴き、受け止めるには、保育者の数が足りないし、大都市には園庭がない施設も多く、保育室は狭く、日当たりや風通しが悪いところもあります。保育時間が長すぎる問題もあります。そして、保育者の賃金や労働条件は、安心して働き続けられるレベルではないため、辞めていく人が後を絶ちません。保育者になりたい人はどんどん少なくなっていて、保育者不足は改善されません。

前にも書きましたが、この国の保育は、働く保護者を支援することに力点が置かれています。なので、保育日・保育時間の延長（夜間保育、休日保育、病児保育など）や保育料の無償化（3歳以上児）など、保護者が長時間働けるようにする、経済的負担を軽減するなどの施策は充実しつつあります。でも、子どもの権利という視点から見ると足りないことだらけです。逆行していると思われる施策も進められているように思います。

国連が2005年に採択した「子どもの権利委員会　一般的意見7号・乳幼児期における子どもの権利の実施」は、乳幼児期の子どもの意見表明権についてこのように記述しています。

「締約国は、乳幼児が関連のあらゆる場面における日常的活動のなかで漸進的に自己の権利を行使できるような機会の創設に、親、専門家および担当の公的機関が積極的に関与することを促進するために、必要なスキルの訓練の提供を含め、あらゆる適切な措置をとるべきである。参加の権利を達成するためには、おとなが子ども中心の態度をとり、乳幼児の声に耳を傾けるとともに、その尊厳および個人としての視点を尊重することが必要とされる。」（乳幼児の意見および気持ちの尊重）

長崎大学の山岸利次氏は、「（乳幼児の）意見表明権の保障とは、声を聴くことにとどまらず、子どもから見える世界を共感的に理解することから出発しなければならないということになります。」「行為やしぐさなどの微妙な変化で表明される意見がそれとして受け取られるには、そうした変化をまさに意見であると同定する大人がいなければならないということです。」「意見表明権は、子どもの微妙な変化を見逃さず、それを意見として同定する大人との関係を常に、すでに予定しているのです。」などと主張されています。

私は、この主張を全面的に支持します。

大人には、子ども中心の態度をとり、声に耳を傾けながら子どもの尊厳と個人としての視点を尊重することが求められます。そうするためには、子どもの声を聴くことにとどまらず、共感的に理解するところからはじめなければならないのです。子どもたちが行為やしぐさなどで表明する意見をそれとして受け止められる大人が身近にいることなしに、乳幼児期の意見表明権は保障されないからです。

大人は、乳幼児期の子どもの意見を十分聴きとれているでしょうか。私などはまだまだです。ひとことも逃さずに聴きとることは無理だとしても、一つでも多くの意見を聴きとれるようになりたいと思います。共感的に理解できるようになるために、子どもへの深い愛情に裏打ちされた専門性を高めなければなりません。だから、もっともっと学ばなければ、もっともっと考えなければ……。

そうしながら、乳幼児期の子どもたちの代弁者として、社会に、国や自治体に、声をあげていかなければならないと思います。それが、女性の労働力の活用や保育サービス産業の支援といった経済政策としての保育から、すべての子どもが享受すべき権利としての保育へと変えていく道だからです。

●めざすはすべての子どもが享受すべき権利としての保育

海外の保育を自分の目でみた経験はニュージーランドただ一国しかなく（しかも8日間）、いくつかの書籍や論文に目を通した程度の知識しかない私が語るのは、自分でもおこがましいと思います。それでも、この国のこれからの保育のあり方を考える上で、いくつかの保育先進国が歩んできた道をたどることは重要だと考えます。歴史も文化も何もかも違う国のことですから、同じ道は歩めないにせよ、参考にできることはたくさんあります。なので、日本が手本にすべきだと私が考えるスウェーデンの保育政策の概要を紹介します。

スウェーデンの保育・幼児教育機関は「プレスクール」という名称ですが、そのスウェーデンでは、1985年、のちに歴史的法案と呼ばれることになる「プレスクール全入法案」が国会に提出され、成立しました。プレスクールへの入所は、働く親や勉学を続ける親の保育要求に応えるために必要であるのみならず、子ども自身の権利、すべての子どもが享受すべき権利として保障されるべきであると示されたのです。そして、1996年、希望するすべての子どもが保育を受けられるようになったのを機に、社会庁の管轄下にあったすべての保育サービスを学校庁に移管する改革がおこなわれ、就学前の保育は学校体系の最初の段階に位置づけられました。

フィンランドなどでも同様の政策が進められたと聞きます。やっぱり、保育を受けるのは子どもなのですから、子どもの権利として保障されるべきなのです。


話は突然、日本に飛びますが、私が働いている東京の墨田区は、日本の保育史を語る上で欠かせない地域です。

大正10年（1921年）、東京に初めて公立保育園が誕生した場所が墨田区でした（江東橋託児場　現・江東橋保育園）。大正13年（1924年）には、東京大学の教授や学生が関東大震災で壊滅的な被害を受けた地域の人々を助けるために作った組織（柳島セツルメント）が、同じ墨田区で活動を開始しました。大正15年（1926年）4月には託児所も開設され、託児部は翌月から独立した活動を始めました。その託児部に、のちに日本福祉大学教授や保育研究所理事長となる浦辺史さんがいました。まさに日本の男性保育者の先駆けで、戦後は民主保育連盟という団体を創設し、保育実践研究と保育運動の両方に尽力されました。

墨田区で2番目にできた公立保育園（横川橋保育園）は、戦後の焼け野原でおこなわれていた「青空保育」に子どもを預けていた保護者たちが、労働組合などの支援を受けて公立保育園の建設を求める運動を展開したことでつくられました。

そして、「ポストの数ほど保育所を」という保育関係者の運動が後押しして誕生した美濃部革新都政の元、1970年代に公立保育園の建設ラッシュがはじまりました。それが終わる1982年に採用された私は、墨田区が「新設はこれが最後」とした保育園からキャリアをスタートさせました。

保育者になって初めて師と仰いだ、愛知県立大学名誉教授の宍戸健夫先生は、保育史にも詳しく、墨田区の保育の歴史もほぼ宍戸先生に教えてもらいました。私には、そのような歴史を受け継ぎ、未来へとつなげていく責任があると勝手に思い込み、保育実践研究や保育労働運動に邁進していくことになりました。まあ、ぼちぼちですけど……。

ともあれ、私は、保育先進国の保育に関する文献に目を通しつつ、日本の保育が歩んできた歴史を学びながら、今のこの国の保育をめぐる情勢（国や自治体の動向や保育現場で起こっていること）などを調べてきました。その中で、この国の保育が、保育に情熱を注いだ先人たちの優れた実践や運動によって築かれたこと、子どもと楽しくあそぶ保育者が現場を支え続けてきたことを学びました。世界の保育と比較して、この国の保育に足りないもの、もっと充実すべきものは何かについても学びました。そんなことを30年以上続ける中で、私は壮大な夢を見るようになりました。私が保育者である間はもちろん、生きている間には実現できそうにもない、とてつもなく大きな夢です。

保育をこの国の経済成長のためのものではなく、子どものためのものに変えること、すべての子どもが享受すべき権利としての保育へと転換させることです。それは、働いていない保護者の子どもは、月に1日だけとか、週に2時間だけ通えるようにする施策を進めることではありません。すべての子どもが保育園に入れるようにすること、すなわち、全入をめざすことです。

保護者が働いていようがいなかろうが、良質な保育を受けることが子どもの権利として認められ、保育実践に子どもの意見が最大限活かされ、穏やかに過ごせる環境も用意されて、子どもへの深い愛情に裏打ちされた高度な専門性を有する保育者がていねいに保育し、その保育者たちの賃金や労働条件をそれに見合ったものにすることです。

先ほど紹介したスウェーデンをはじめ、保育先進国では数十年も前に実現できたのですから、この国にあったやり方で、同じような政策を実現させることも十分可能です。

私は、いつの日か、「すべての子どもが享受すべき権利としての保育」を実現させたいと本気で考えています。でも、私なんぞに大したことはできません。そんなことは百も承知ですが、これまでもそうしてきたように、たとえ微力でも、今の自分にできること、今の自分がするべきことを続けようと思います。

それが、保育にワクワクできる保育者、子ども、保護者を増やすことにつながるだろうし、保育にワクワクさせてもらい続けた人間がしなければならないことだからです。

●保育運動の力と労働組合

「すべての子どもが享受すべき権利としての保育」が必要だと考える保育関係者は大勢いるでしょうし、反対する人はほとんどいないはずです。だから、その必要性を多くの人が理解し、そのための法整備や予算確保をおこなうべきという世論が高まれば、実現できると信じます。

でも、そのためには、スウェーデンなど保育先進国でおこなわれてきたのと同じように、保育関係者の運動が必要です。

ニュージーランドの保育制度や幼稚園教諭の運動に詳しい、福島大学名誉教授の大宮勇雄先生や元東洋大学教授の鈴木佐喜子先生に教えてもらうなどして知った話です。

ニュージーランドは労働組合の力が強く、特に幼稚園教諭の組合は国内5大労働組合の一つに数えられるほど強力で、組織率は90%を超えているそうです。その労働組合は、「(子どもの)靴の大きさで賃金は決まらない」をスローガンにした運動や、小学校教諭と幼稚園教諭の仕事の内容を洗い出して比較した運動(ジョブエバリュエーション)などに取り組み、労働条件の改善や賃上げを勝ち取ったとのことです。

たくさんの人が結集する労働組合は、組合員に情報を伝え、議論の場をつくり、組合外の多様な人たちともつながって集団的な行動を組織しました。長期的な見通しをもった政策もつくりました。その中で、保育者の労働条件や賃金が向上し、多様で豊かな保育がおこなわれるようになったのです。

ニュージーランドを訪問したとき、幼稚園の美しさ、保育者と子どもがゆったりとかかわっている姿、多様な文化を尊重し自然とともに生きる思想など、感動し、驚かされることだらけでした。その中で、私が一番驚いたのは、小学校を訪問した時にみた光景でした。

先生の休けい室が、海が望めるその学校の一番ロケーションのいい場所にあって、休憩時間には、多くの先生が集まって談笑していたのです。子どもが一人きりになりたい時に入れる「クワイエットスペース」という場所があったのですが、その隣に先生が一人きりになりたいときに入れる「スタッフ・クワイエットスペース」もあったのです。

子どもの権利だけでなく、先生たちの権利も同じように大事にされていることに驚いたのです。でも、ニュージーランドの人たちには当たり前のことなのでしょう。わたしが日本人だから、私の更衣室は、どこの保育園で働こうと、たいてい倉庫で、休憩も倉庫の中で、冷房も暖房もない場所だったから驚いたのです。

日本は、保育者だけでなく、労働者の権利が十分保障されていません。それは、声をあげる労働者が少ないから、デモやストライキなど労働者に与えられている権利を行使して、要求することが少ないから、労働組合の力が弱いからです。

保育者を含め、労働組合に加入する労働者がもっと増えて、その労働組合が、保育をよりよくしたいと考える組織や個人とつながって、協力し合う関係を広げながら、声をあげ、運動を続けることが必要です。微力ではありますが、私はそのためにもがんばりたいと思っています。それも、保育にワクワクしてきた者の責任だからです。

私にできることなどたかが知れていますし、保育者としての私に残された時間はそう長くはありませんが、希望はあります。

私には、保育実践研究や保育運動に取り組む仲間がいます。その中には、将来、保育実践研究や保育労働運動を発展させてくれるであろう若者たちがいます。保育を学ぶ意欲にあふれ、保育をよりよくしたいという情熱も十分有し、こんな私からも学んでくれる若者たちです。

先人たちがそうだったように、私たちの年代の志をもつ一部の保育者は、先人が努力してつくり上げた実践知から学び、先人が切り開いてきた保育条件を受け継いで、実践研究や運動を通じて前進させてきました。その流れを見れば、若い人たちがそれらをまとめて引き継いで、さらに発展させてくれるのは必然です。

敬愛してやまない作家の井上ひさしさんが小林多喜二を描いた最後の戯曲「組曲虐殺」を劇場で観たときには涙が止まりませんでした。戯曲を読んでも涙があふれました。その中の一節、多喜二が最後に歌った歌詞を紹介します。

絶望するには、いい人が多すぎる
希望を持つには、悪いやつが多すぎる
なにか綱のようなものを担いで、

絶望から希望へ橋渡しをする人がいないものだろうか
いや、いないことはない

愛の綱を肩に希望を目指して走る人よ
いつも駆け足で森を駆け抜けて
山を駆け登り、崖を駆け降りて
海を掻き分けて、雲にしがみつき
後に続く者を信じて走れ

いつの頃からか、私の中にも、後に続く者を信じて走っている自覚が生まれていました。その自覚は今も持ち続けています。だから私は、最後まで、そういう気持ちを胸に走り続けようと思います。

3 ワクワクの先に見える景色

もうひとつ伝えたいこと

ここまで、私が保育にワクワクしてきたこと、保育にワクワクできない状況も存在していること、それでも保育にワクワクしなければならないこと、保育にワクワクするために何をするべきかなどを書いてきました。それらが読み手のみなさんに伝わっていることを願いつつ、もうひとつ伝えたいことを書いて、この本を閉じます。ワクワクした保育のその先にも、たくさんのワクワクが待っていたという話です。

「そのことを一番よく覚えている」

ずいぶん前、『人生に必要な知恵はすべて幼稚園の砂場で学んだ』（ロバート・フルガム著、河出書房新社）という本がベストセラーになりました。私は40年以上、保育園の砂場で山をつくり、穴を掘ってきましたが、人生に必要な知恵は学べませんでした。でも、出会った子どもたちからは、人生に必要な知恵どころかあらゆることを学びました。

ある年の正月、私が20代後半に年長クラスを担任した2歳違いの姉妹と3人で新年会をしました。妹のじゅんちゃんは、私が働いている保育園に子どもを預けていて、私がその園に異動して数日後、すれ違いざまに「髙橋先生」と声をかけてくれました。「誰?」と戸惑っている私に「じゅんこです」と名乗ってくれました。「じゅんちゃんか～、何年ぶりだろうね?」という会話でその時は終わりましたが、こうやって、親となった卒園児と再び出会うことも、私をワクワクさせてくれます。

前の園でもそういう卒園児がいて、入園の面接に来た時、たまたま廊下で鉢合わせたのですが、いきなり「あ、いた」というので、やっぱり「誰?」と思い、やっぱり名乗ってもらいました。自宅に招いてくれて、6カ月の赤ちゃんとの対面を楽しませてもらいつつ、酒を酌み交わしてくれた卒園児もいました。卒園児が実習にきてくれたこともあったし、卒園式で「保育園の先生になります」と宣言し、高校生の時に保育の道に進みたいと相談に来てくれて、同じ墨田区の公立保育園の保育士になってくれた子もいます。卒園した後もワクワクは続くのです。

話を3人の新年会に戻します。自由奔放で歯に衣着せずにものをいう姉のようこちゃんは、私と再会するなり、「じゅんこから『おじいちゃんになったよ』って聞いてたけど、思ったほどでもなかったかな?」と先制パンチを食らわせました。とってもまじめでやさしくて、常に私のそばで、未熟な私をフォローし続けてくれていたじゅんちゃんは、自分がそうやって説明したことを私に知られて思わず苦笑。この瞬間だけで、彼女たちと保育園で過ごした頃が鮮明によみがえりました。

じゅんちゃんにあれこれ助けてもらったことも忘れられない思い出ですが、ようこちゃんが20歳の時に私に告げた言葉が衝撃的すぎて、私は大きく落ち込みましたが、それがその後の私の保育者人生の糧になりました。

このクラスの子どもたちが20歳か21歳の頃、クラス会に呼んでもらいました。再会を喜び合い、保育園時代の思い出話に花を咲かせました。その中で、一人ひとりに「保育園のことで一番覚えていることは何？」と尋ねてみました。「たつのこたろうの劇」とか「みんなで銭湯に入ったこと」とか、私にとっても思い出深い話が続きました。そんな中で、ようこちゃんはこう言ったのです。

「髙橋先生のことが大好きだったんだけど、一度だけ思いっきり怒られたことがあって、そのことを一番よく覚えている。」

衝撃を受けました。トラウマなどは典型ですが、怖かったことや嫌だったことは長期記憶として脳内に保存されやすいと言います。楽しいことが山ほどあったとしても、一度の嫌だった記憶が一番の記憶として定着してしまうのです。だから、ようこちゃんにとっては、それが一番の思い出になったようですが、私に怒られたことが一番なんてかわいそうすぎます。私は、ようこちゃんに「本当にごめんなさい」と何度も謝り、こんなことが一番の思い出になる子が二度と現れないようにしよう、おもしろかったこと、楽しかったこと、うれしかったことで覆いつくされる記憶を持ってもらえるようにしよう、いくつになっても保育園時代がしあわせだったと思い返せる保育をしようと心に誓いました。

3人の新年会でもこの話題を持ち出し、改めてようこちゃんに詫びるとともに、あの時、ああやって話してもらえたことで、その後、同じ過ちを犯さないようにしようとがんばることができたと感謝の意を伝えました。

ようこちゃんは、「でも、あの時は私が悪かったのよ。私がホールに置き忘れたカバンを先生に取りに行ってって言ったから。それで先生が、『何で先生が取りに行かなきゃいけない？』って怒ったの……。」と笑いながら返してくれましたが、「その程度のことで怒るなんてやっぱりダメだ……。」と改めて反省しました。

ともあれ、今日まで、私が保育でワクワクし続けられるのは、ようこちゃんのおかげです。

●「先生、しあわせだね！」

ある年の成人の日。その日は、とある駅の近くにある大ホールで成人式がおこなわれていました。その中に、私が、３歳、４歳、５歳と担任した子どもたちがいました。その子たちとその保護者とは卒園後もずっとつながっていて、コロナ前までは、桜の季節になると保育園の近くの公園に集まってお花見をするのが恒例行事でした。この子たちが6年生の時には「小学校最後の運動会だから観に来て！」と誘いにきてくれました。ワクワクしながら小学校に向かうと、まずはその子たちが私に駆け寄ってきてくれました。保護者の方々は朝の4時から並んで取ったという特等席に私を案内してくれました。保護者の方々と一緒に子どもたちを応援できたこともうれしかったのですが、その時に、みんなを代表して手紙を書けと言われて書いたひろとくんの手紙を読み、さらにうれしくなりました。

「おげんきですか？　ぼくは元気です。ほいくえんを卒業してからもう6年もたちました。ぼくはもう6年生になりました。ですが、ほいくえんでの思い出をわすれたことはありません。つらかったとき、悲しかったとき、ほいくえんでの思い出を思い出して明るくなれました。今年、運動会で組体そうがあります。組体そうでは、つらいことがたくさんあったので、たくさんほいくえんの思い出を思い出すことができました。たとえば、あらうまのことや自転車であそんだこと、プールであそんだことやたけうまのことなどたくさんの思い出がうかんできます。今、たかはし先生はほかのほいくえんにいってしまったけど、ぼくはたまにほいくえんにあそびにいっています。そして、ほいくえんにいくたびに、たかはし先生が出てくるきがします。たかはし先生、いつまでも元気でいてください。　ひろとより」

この子たちは、中学校を卒業した時も会いに来てくれました。高校を卒業した時はコロナ禍真っただ中でしたが、そんな時でも会いに来てくれました。その時に、「あと2年経ったら20歳だね。そうしたらみんなで飲もうな」と話しました。

そして、彼らが迎えた成人の日。私は2年前にそんな話をしたことを思い出していました。でも、成人式当日は友だち同士で集まるだろうし、今日がその日じゃないな……」と思っていました。他方、保護者の方々は、私も入っているＬＩＮＥのグループで「親は親で集まって、久しぶりに楽しく飲みましょう」と語り合っていました。「そこも今日は私が行くべきじゃないな……」と思ってスルーしていたのですが、何人もが「高橋先生もぜひ！」と声をかけてくれたので、お言葉に甘え、仲間にと加えてもらうことにしました。

居酒屋に集まっていた保護者は10名。園児が20名のクラスでしたからちょうど半分です。酒宴が始まり、しばらくすると保護者の方々が、「今、髙橋先生と一緒に飲んでるんだよ」とそれぞれわが子に連絡しました。私がいると知った子どもたちは、2次会をキャンセルしてこちらに来てくれました。「2年後に飲もうな」と約束したことが実現できたのです。保護者が飲んでいるテーブルと、子どもたちが飲んでいるテーブル、私はどちらにも顔を出し、どちらとも語り合うことができました。そんな時、一人の保護者が私に向かって小さい声でこう言いました。

「先生、しあわせだね！」

本当にその通りだと思いました。

この話には続きがあります。6年生の時に手紙を書いてくれたひろとくんが成人式の会場の前でローカルテレビのインタビューを受けていたそうで、保護者が放映された映像を送ってくれました。ひろとくんは「ぼくは、子どもの頃、結構しあわせだったので、将来は子どもたちのためになる仕事に就きたいと思っています。」と語っていました。

「3歳児クラスのある日、みんなで散歩に出かけたときに、私やみんなを困らせようと、歩道にひっくり返って『うんこ、うんこ！』と泣き叫んでいた子が、こんなことを言ってくれるようになったんだ……。」と心の中でつぶやきながら、感無量というのはこういうことを言うんだと思いましたし、ようこちゃんから教えられたことが少しは実になったとも思いました。

●まほちゃん

40年以上クラス担任を続けてきたのだから当然ですが、これまでたくさんの子どもと出会ってきました。担任した子どもはもちろん全員がいとおしかったわけですが、その中に、とびぬけて印象に残っている子が何人かいます。

私が再任用職員になる前、すなわち定年前の3年間、3、4、5歳クラスを担任した時のまほちゃんは、まさに、そういう子でした。めったにいないキャラクターで、おもしろいことをいろいろしてくれました。

2歳児クラスに入園してきた時のまほちゃんは、「ぜったいねない！」と宣言し、布団の上で正座したまま寝ていたし、3歳児クラスの時は、「まほ警察」と命名したくなるくらい、いけないことをした友だちを取り締まりまくっていました。自分のことはさておき……。

さておきの代表例は、4歳児クラスの時、ある子がバナナを残すことを知っているまほちゃんは、私に気づかれないようにバナナの半分をくりぬいてこっそり食べ、逆さまにして元に戻すという完全犯罪まであと一歩というものすごいことを思いつき、実行したことです。

歌が大好きで、たびたび美しい歌声を披露して、私たちを楽しませてくれました。十八番は「中島みゆき」で、感情をこめて歌う姿がかわいいやらおもしろいやらで、涙が出るほど笑わせてもらったりもしました。

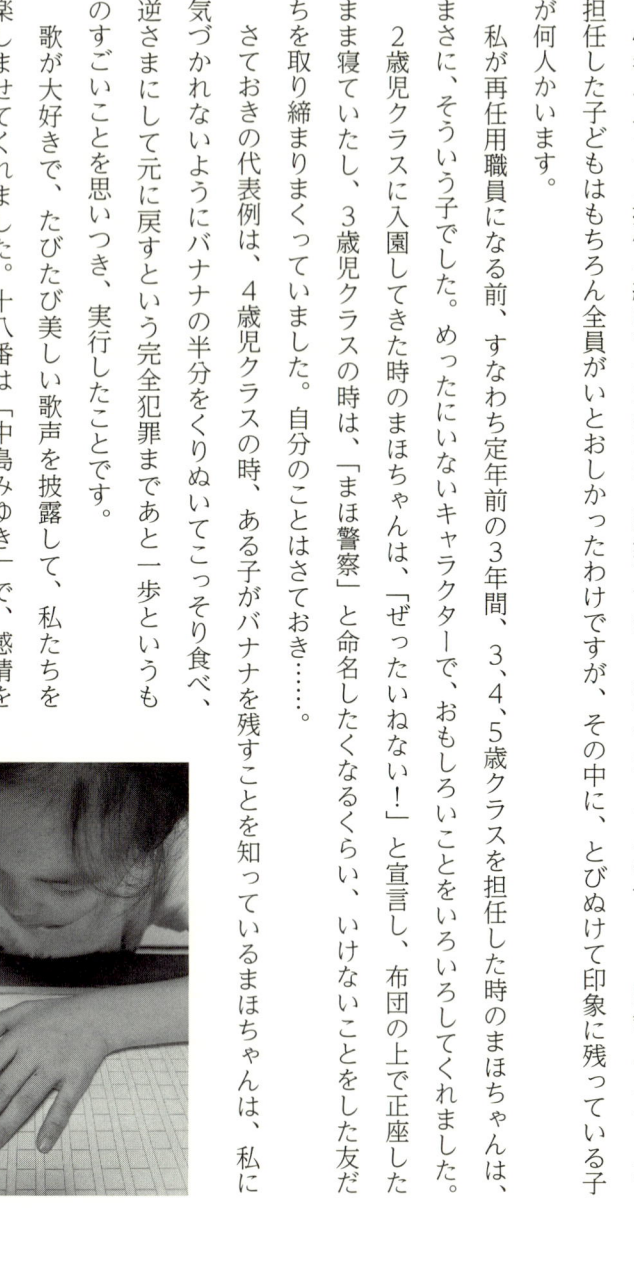

そのまほちゃんが卒園して数カ月後のある日。ママから連絡が来ました。鹿児島にある椋鳩十という児童文学者の記念館が毎年開催している読書感想文コンクールに応募したら、グランプリを獲得。それがうれしくて、真っ先に私に報告したかったと話してくれました。私はすぐに「すごい！　おめでとう！」と返しました。すると、「まほが、先生に会いたいと泣き出したので、明日、会いに行ってもいいですか？」と再び連絡が来ました。「もちろんどうぞ！」と返事をすると、翌日、賞を取った感想文を手に、私が異動した保育園まで会いに来てくれました。

まほちゃんは、保育園時代から文章も上手でしたが、受賞した感想文の中身がすばらしすぎて、読んで、涙が流れました。当人とご家族の了解を得たので、その内容をここで紹介します。

ぞうのしあわせをうばわないで（課題図書「ゾウのたび」）

このほんをよんだあと、わたしはすぐに、おかあさんに、おはなしをしたくなりました。「くろうして、ゾウのむれは、みずがある、ぬまちに、たどりついたんだよ。リーダーのおおきなとしとったゾウは、やっとしあわせになれたんだよ。それなのに、にんげんのかりゅうどがね、てっぽうでそのゾウをころしてしまったんだよ。」

おかあさんは、わたしにききました。

「まほ、いま、おこってるの？」

「うん。そうだよ。おこってるよ。だって、ゾウのかぞくがやっとのことで、みずをみつけたのに、にんげんは、てっぽうでうつなんてひきょうものだよ。」

と、おはなしをしているうちに、わたしは、かなしいきもちになってきました。

としとったゾウは、こわいこともかなしいこともいっぱいけいけんして、むれのリーダーになったとおもいます。ゾウのかぞくや、なかまたちと、げんきにたのしくくらしたいという、ゆめもあったはずなのです。ゾウたちにはゾウたちのじんせいがあり、ゾウたちのこころもあります。それなのに、おかねもうけのために、かりゅうどはゾウをねらったのです。にんげんは、ゾウならどれでもよくて、てきとうにいのちをうばうのです。でも、ゾウにとっては、てきとうないのちはありません。

おおきいとしとったゾウは、なかまたちをまもるため、ひとりで五にんのかりゅうどとたたかいました。たおれても、たおれても、またたちあがって。

「しんじゃだめだよ。」

でも、わたしのねがいはかないませんでした。にげることができたゾウのむれは、もりのなかで、あさまでずうっとかえりをまったけれど、おおきいとしとったゾウは、かえってこなかったのです。

としとったゾウは、なかまたちをたすけることができて、きっとまんぞくしているとおもいます。リーダーのゾウはそんなつよくてやさしいひとです。

でも、わたしは、としとったゾウも、なかまのゾウもこどものゾウも、みんなそろってたびをつづけてほしかったです。たすけあって、はげましあってくらしているゾウみんなに、しあわせをあげたかったです。

だから、わたしたちにんげんは、ちきゅうのいのちをまもるために、もっとかんがえなければいけないとおもいました。

こんなふうに考えることができて、こんな文章が書けてしまうまほちゃん、本当にすてきです。そして、卒園した後も、こんなふうに感動させてもらえて、学ばせてもらえることも保育という仕事のすばらしさだと心の底から思いました。

この話には、おまけがあります。読書感想文が入った封筒の中に、まほちゃんが私に書いてくれた手紙が同封されていました。

たかはしせんせいへ

もう、一年せいになったら、できることがいっぱいになりました。かん字もならってるし、こくごのきょうかしょももう2さつめだし、あと、したのはもぬけたし、文をかくのもじょうずになったし。たかはしせんせい、べつのほいくえんでは、げんきにしてますか??????　わたしもがっこうでげんきにわらってたのしんでます。でも、ほいくえんのことをおもいだしたら、ほいくえんのほうがたのしかったなーっておもっちゃったよ。でも、がっこうも、がくどうもたのしくげんきですごしてるよー。だから、つぎあったときは、ぶっとばしてね！

まほより

保育という職業の大きな魅力は、どの子にもそれぞれ異なるすばらしさがあって、どの子も可能性に満ちていて、そういう姿を目の当たりにできるところです。だから、がんばろうと思えるし、自分にできることを探そうと思えるのです。

とにもかくにも、こんなにもすばらしい読書感想文や、こんなにもありがたい手紙を書いてくれたまほちゃん、それらとグランプリという吉報をいち早く私の元に届けてくれたまほちゃんのママに心から感謝します。こんなにもワクワクさせてくれてありがとう。

●定年前に書いた2通のクラスだより

保育にワクワクしてこられただけでも十分しあわせなのに、その先にもワクワクできる景色が広がっていました。それもこれも今まで出会ったすべての子どもたち、保護者のみなさん、一緒に働いた方々、研究活動や保育運動の先輩や後輩たちのおかげです。

さて、読者のみなさんにお付き合いいただいたワクワクの旅もそろそろ終わりです。この本をどう締めくくるか、いろいろ悩みました。私の保育者人生は、子どもたち、保護者の方々とともにあったのはもちろんですが、その子どもたち、保護者の方々と私の絆を深めてくれたのは、私の相棒ともいえるクラスだよりでした。いかなる時も、私の隣にはいつもクラスだよりがありました。なので、最後は、定年を迎えて再任用職員となる直前、14回目の年長クラスの担任が終わる直前に書いた2通のクラスだよりで締めようと思います。

クラスだより

うまいか下手かよりもおもしろいかおもしろくないか……（3月27日　NO．207）

☆このクラス、この子たちはなおさら

ついにラストウイーク。泣いても笑ってもあと1週間で終わりです。20歳で保育士（当時は保母）となり40年。この先もしばらくは「再任用職員」として働くつもりですが、私も今週末で定年退職となり、31日には「辞令」をもらいに区役所に行きます。40年の保育者人生の中で、年長クラスを14回担任しました。たぶん……ですが、区内で私以上に年長クラスを担任したことがある人はいないと思います。3、4、5歳と同じクラスを3年連続で受け持ったのは3回でした。ここの保育園では、4、5歳を2回担任してから、うちの子たちを3年、計7年保育させてもらいました。卒園させたクラスは、どのクラスも印象に残っていますが、異動早々担任するクラスは、子どもたちとの関係がゼロからのスタートなので、それなりに苦労します。ここに来たときは大変で、今朝、ゆいちゃんの登園についてきた兄のげんちゃんとひとことふたこと言葉を交わして、その頃を思い出しましたが、その子たちも4月からは6年生なので、歳を取るわけだ……と改めて思いました。やはり、3年も続けて担任を持った子たちは特に思い出深いわけですが、卒園と定年が重なるこのクラス、この子たちはなおさらです。

☆40年やってきた成果

そんなわけでラストウィーク初日、まさこ先生と子どもたちで何をしてあそぶか相談しているところを黙って見ていましたが、ちかちゃんが大縄跳びしたいというので、今までの年長クラスでは、みんなで大縄跳びをして盛り上がり、運動会で披露したこともあったので、最後の最後、これで盛り上がるのもいいなあと思い、そんなことを提案してみたものの、「おおなわとび、やだ！」とまーくん、そうちゃんが即座に怒るので、私のプランは泡と消える……。ともあれ、いろいろ出て、今日はホールでパスボールや3度ぶつけであそぶことにしてホールに移動。3つのチームを作って対戦したパスボールを静かに見学しましたが、これがまた、下手くそなのですよ。今まで受け持った子たちの中でも一番下手。大縄跳びやだとか怒られるのも、パスボールがこんなに下手なのも、この子たちくらいですが、やりたくないことはやりたくないと言えるっていいことだし、パスボールも下手なんだけど、みんながとっても楽しそうで、上手いか下手かよりも、おもしろいかおもしろくないか、そっちのほうが大事だし、そう思って保育できるようになったのが、40年やってきた成果だと思いました。

クラスだより

旅立ち　**（3月31日　NO．211　最終号）**

☆ついに実感

自分にそんな日がやってくることなど想像もできなかったのですが、区長から辞令と感謝状を渡されて、ついに実感しました。感謝状……。私こそが出さなければならないものだと思います。これまで出会ったすべての子どもたち、保護者の方々、そして、共に保育し、共に学び、共に保育を守る運動にかかわった方々に対してです。でも、そんなことはできないので、このおたよりを読んでくださるすべての方に感謝の思いを込めて、40年の保育者生活にひとまず区切りをつけたいと思います。

☆これがうちの子たちらしい

そんなわけで、区役所から戻ると、そのタイミングでお別れ会を催していただいて、ひよこ組以外のすべてのクラスの子どもたちが集まったその前で、うちの子たちはどこの小学校に行くか一人ずつ発表し、私をはじめとする退職者、異動者が紹介されました。この3年間、このようにみんなが集う機会が持てなかったので、うちの子たちの最後、そして、私の最後に、こうやって一堂に会してもらえてよかったとつくづく思いました。

そして、最後の保育、リーダーのまさこ先生は、みんなで園庭であそぶつもりでいたようですが、ときくんがホールに行きたいと言い出し、「いいよ」と返したものの、一人で行くのは嫌で、みんなとコンビカーに乗ってレースがしたいと言うので、「じゃ、何人かに付き合ってもらうか……」と、園庭にいた子たちに伝えると、なんと全員が付き合ってくれるというので、私は一足先にホールに行って、コースをつくったり、コンビカーを運んだりして準備を進めました。このあそび、ときくん史上、保育園で一番楽しいあそびで、入園以来、ずっと乗り続けてきたコンビカーなので、スピードも一番で、その自分が最も好きで得意なあそびにみんなが参加してくれて、レースに出場する子も自分で決められるからです。なので、ときくん、とってもしあわせそうで、その表情を見られただけでも、みんなでときくんのあそびに付き合ってよかったと思うわけですが、付き合った子たちもみんな楽しそうで、「年長最後のあそびがコンビカーか……」と思った後、「でも、これがうちの子たちらしい。こういう終わり方がベストなんだ！」と思い直しました。

うちの子たちには、こんな感じで、誰かのために何かできる人になってほしいと思うし、自分もそういう人間であり続けたいと思うからです。

☆また会いましょう

これで終わりです。ゲームオーバーです。でも、終わりは新たな始まりでもあります。この子たちの人生の旅はまだ始まったばかり。この先、いろんな困難に遭遇することでしょう。そんなときには、ぜひ、私たちがともに笑い合った日々を思い出してほしいと思います。私たちの生活はそのためにあったからです。それでもダメなときは連絡してください。大したことはできないけど、話を聞くくらいはできますから。

私も、次のステージに旅立ちますが、また会いましょう。その時までお元気で！

〈参考文献・引用〉【2章・おわりに】

・エレン・ケイ著／小野寺信・小野寺百合子訳『児童の世紀』（冨山房、1979年）
・橋本宏子著『戦後保育所づくり運動史――「ポストの数ほど保育所を」の時代』（ひとなる書房、2007年）
・バルバーラ・マルティン＝コルピ著／太田美幸訳『政治のなかの保育――スウェーデンの保育制度はこうしてつくられた』（かもがわ出版、2010年）
・井上ひさし『組曲虐殺』（集英社、2010年）
・加用文男「余暇論の呪縛――ジャック・アンリオからみたホイジンガとカイヨワ」『心理科学』34巻1号 p.68-83（心理科学研究会、2013年）
・宍戸健夫著『日本における保育園の誕生――子どもたちの貧困に挑んだ人びと』（新読書社、2014年）
・加用文男著『「遊びの保育」の必須アイテム――保育のなかの遊び論 Part2』（ひとなる書房、2015年）
・國分功一郎著『中動態の世界――医師と責任の考古学』（医学書院、2017年）
・OECD『幼児教育・保育の国際比較：OECD国際幼児教育・保育従事者調査2018報告書―質の高い幼児教育・保育に向けて』（明石書店、2020年）
・白井俊著『OECD Education2030プロジェクトが描く教育の未来――エージェンシー、資質・能力とカリキュラム』（ミネルヴァ書房、2020年）
・一般社団法人 日本経済団体連合会『「次期教育振興基本計画」策定に向けた提言――主体的な学びを通じ、未来を切り拓くことができる多様な人材の育成に向けて』（一般社団法人 日本経済団体連合会、2022年）
・佐伯胖編著『子どもの遊びを考える「いいこと思いついた！」から見えてくること』（北大路書房、2023年）
・山岸利次「乳幼児の権利をめぐる今日的課題」『発達』174号（ミネルヴァ書房、2023年）
・篠原郁子著『子どものこころは大人と育つ―アタッチメント理論とメンタライジング』（光文社、2024年）
・子どもの権利委員会／平野裕二訳「子どもの権利委員会一般的意見7号――乳幼児期における子どもの権利の実」（第40会期採択、2005年）
・川西真穂「ぞうのしあわせをうばわないで」（第33回椋鳩十文学記念館全国読書感想文・椋鳩十賞）
・OECDラーニング・コンパス（学びの羅針盤）2030
・塩崎美穂「『すべての子ども』という保育制度の射程」『現代と保育』81号 p.71（ひとなる書房、2011年）
・加藤繁美著『保育の中の子どもの声――自分の声を聴きとられる心地よさ　多様な声を響き合わせるおもしろさ』（ひとなる書房、2023年）

おわりに

最後の最後までお読みくださいまして、ありがとうございました。

これまで私は、子どもたちはもちろん、たくさんの方々にお世話になってきました。そのひとり、東洋英和女学院大学の塩崎美穂さんには、ニュージーランドの保育施設視察の旅に連れて行ってもらうなど、ずっとお世話になりっぱなしです。その塩崎さんから、ある地方の保育園のプールあそびの様子をある研修で報告したときに、「これって不適切保育にあたるんじゃないですかね」という感想をもらったと聞きました。保育者は子どもたちにホースを向けて水をかけ、子どもたちは自ら進んでその前に立ち、どれくらい我慢できるかを競って楽しんでいる様子です。

それを不適切保育と呼ぶのなら、私がこの本のプールあそびのところに書いた「ワニワニパニック」だって十分に不適切ですし、該当する実践は他にもたくさんあったかと思います。

保育がサービスと呼ばれるようになり、保護者がサービスの受給者で保育者がサービスの提供者という構図が強化されていくに連れ、不適切保育やヒヤリハットという言葉が頻繁に飛び交うようになり、保育者の中に、クレームが来ないように、ケガをさせないようにという意識が強まって（強められて）、保育現場に張り詰めた空気が広がるようになってきました。それに伴い、保育者はどんどん委縮し、保育のスケールが小さくなってきたようにも思います。子どもと楽しそうにあそぶことがこの国の保育のひとつのすばらしい特徴であるはずなのに、このまま行ったらそこも失われてしまうのではないかと思うのは、私だけではないはずです。

ずいぶん前の話ですが、塩崎さんは、『現代と保育』という保育雑誌（現在は休刊）に、こんな言葉を書きました。

「現状の規範を黙認するような我慢だけでは、現行の閉鎖的な社会構造を変えることはできない。むしろ、これまでの規範意識に風穴をあけるような『逸脱』を創り出していくことのなかに、私たちの可能性がある。」（「すべての子ども」という保育制度の射程・現代と保育81号p71）」

そして、この文章を含むこの論考は、私の保育をイメージして書いたと後になって教えてくれました。

私が塩崎さんと知り合ったのは、山梨大学名誉教授の加藤繁美先生の出版祝賀会の会場でした。その加藤先生も「逸脱」について、自著『保育の中の子どもの声』（ひとなる書房）に、こんなふうに書かれています。

「これまでの集団から『逸脱』していると考えられてきた子どもたちを、『意味生成の主体』として歓迎する姿勢が保育実践に求められることになりますし、そこで生じる『差異』と『逸脱』を前提にした関係づくりを保育実践の中心課題に位置付けることが必要になってくるのです。」

ある時、加藤先生に「私は、塩崎さんが書いているように『これまでの規範意識に風穴をあけるような【逸脱】を創り出して』いるのですよ。」と胸を張ったら、「髙橋君、自分が「逸脱」しちゃダメなんだよ。『逸脱』する子どもの中に可能性を見い出さなきゃ。」と苦言を呈されました。こういうのは毎度のことで、その都度、「ごもっとも」と思うのですが、その上で……。子どもたち、保護者の方々との信頼関係を土台に、時に、保育者自身がある程度「逸脱」して、それをみんなで笑い合うことがあってもよいと思います。それがワクワクする保育にもつながると思うからです。まあ、そう思わないことには、私のやっていることを正当化できないという事情もあるわけですが……。

ワクワクできる日々の積み重ねが、よりよい人生につながると思います。乳幼児期は大人になるための準備期間ではないし、子育て期間は苦行を重ねる時間ではないし、保育は、子どもたちに何かを教え込む仕事でも、保護者にサービスを提供する仕事でもありません。ワクワクできる日々を共有して、楽しく過ごすことを繰り返す、何度も何度も繰り返す、そういう営みなのです。

だから、私たちは、歯を食いしばってでも、何が何でもワクワクしなければなりません。保育にワクワクできる子どもたちが増え、その子どもたちと一緒にワクワクできる保育者が増え、それを眺め、ときに参加してワクワクを共有できる保護者が増えることが、人々のしあわせにつながる道であると思うからです。これまで、私はそう信じ、時に「逸脱」しながら、保育を楽しんできました。その気持ちはこの先も変わらないでしょう。

最後に、全国幼年教育研究協議会・集団づくり部会の世話人たち、特に若いころからいつかあんな保育者になりたいと思わせてくれて、私がめざすべき保育者像を示してくれた柿田雅子さん、実践者は研究者的実践者であるべきと教えてくれた宍戸健夫愛知県立大学名誉教授に感謝します。

私に保育労働運動のイロハから教えてくれた労働組合の先輩たち、公的保育制度を守る運動や自治体保育労働者の労働条件の改善をめざして、一緒に奮闘してくれた組合活動、保育運動の仲間にも感謝します。

私にアカデミックの世界を垣間見せてくれて、研究者と実践者が対等であることや実践者の矜持を持ち続けることの大切さを教えてくれた研究者の方々にも、保育のおもしろさを共有してくれた同僚のみなさんにも感謝します。特に、私のような変わり者と同じクラスを担任してくれたみなさん。時に私のワクワクをサポートし、時に共有していただき、ありがとうございました。みなさんにはいくら感謝してもし尽くせません。かもがわ出版の中井史絵さん、集団づくり部会の本の編集からはじまり、その後、私がかかわったほぼすべての出版をアシストしてくれましたが、今回もお世話になりました。

これまで出会ったすべての保護者のみなさんにも心から感謝します。みなさんの支援にどれだけ支えられたかわかりません。

そして、何より、保育園の生活を共に過ごしてくれたすべての子どもたち。20歳から今日に至るまで、保育にワクワクし続けることができて、このような形で1冊の本にまとめることができたのは、すべてきみたちのおかげです。きみたちが私の誇りでした。そして、きみたちが大好きでした。

保育におけるしあわせの形は、さまざまあると思います。保育にワクワクする、ワクワクし続ける、これが私のしあわせの形です。私にできる精いっぱいの力でそれを具体的に書きました。この思いが、どうか天国の加用さんに届きますように……。

2025年　1月　髙橋光幸

●プロフィール

髙橋　光幸（たかはし　みつゆき）

1962年生まれ。

墨田区公立保育園勤務・再任用保育士、日本自治体労働組合総連合保育部会・部会長、全国幼年教育研究協議会集団づくり部会・代表世話人。

趣味は、料理、飲酒、読書、城巡り、グルメ旅。


〈主な著書〉

『「クラスだより」で響き合う保育―子どもと親と保育者でつながるしあわせ』（かもがわ出版）、『はなまる保父のいいたいねっと通信－保育者と家族を結ぶ愛のクラスだより』（あゆみ出版）

〈共著〉

『求めあい 認めあい 支えあう子どもたち―乳幼児期の集団づくり視点と実践』『私たち非正規保育者です』（かもがわ出版）、『保育・子育て政策づくり入門－保育者と保護者がつくる希望のプラン』（自治体研究社）など

保育にワクワクしよう
――保育における「しあわせ」のひとつの形

2025年2月25日　　第1刷発行

著　者／髙橋光幸
発行者／田村太郎
発行所／株式会社 かもがわ出版
〒602-8119 京都市上京区鴨川通出水西入
TEL 075（432）2868　FAX 075（432）2869
振替　01010-5-12436
イラスト・カバーデザイン　アルファデザイン　高橋哲也
本文デザイン　田中律子
印　刷／シナノ書籍印刷株式会社

ISBN978-4-7803-1361-1 C0037　Printed in Japan